Né à Bellac (Haute-Vienne) en 1882, Jean Giraudoux a fait ses études à Châteauroux et à Paris. Ancien élève de l'Ecole normale supérieure, diplômé d'allemand, il entre en 1910 au ministère des Affaires étrangères.

Son premier livre, Provinciales (1909), *lui avait valu d'emblée l'estime des lettrés. Il élargit peu à peu son audience, grâce à des récits de guerre comme* Lectures pour une ombre *(1917) ou* Adorable Clio *(1920), à des romans comme* Suzanne et le Pacifique *(1921),* Juliette au pays des hommes *(1924) ou* Bella *(1926). A la surprise générale, ce narrateur subtil et raffiné s'impose comme un écrivain de théâtre :* Siegfried, *pièce tirée du roman de* Siegfried et le Limousin *(1922) et créée en 1928 par Louis Jouvet, marque une date dans l'histoire de la scène française. Jean Giraudoux est dès lors le grand homme du théâtre parisien des années trente (*Judith, Intermezzo, La guerre de Troie n'aura pas lieu, Electre, Ondine*). Sa mort, survenue le 31 janvier 1944, peu après la création de* Sodome et Gomorrhe, *précède la création à Paris de* L'Apollon de Bellac *et de deux pièces posthumes,* La Folle de Chaillot *et* Pour Lucrèce. *Jean Giraudoux est joué aujourd'hui avec ferveur sur les scènes des cinq continents.*

ŒUVRES DE JEAN GIRAUDOUX

JEAN GIRAUDOUX

Amphitryon 38

comédie en trois actes

PRÉFACE DE JACQUES ROBICHEZ

BERNARD GRASSET

PRÉFACE

En novembre 1929, quand il fait jouer *Amphitryon 38*, par Louis Jouvet, à la Comédie des Champs-Élysées, Jean Giraudoux a quarante-sept ans. Normalien, familier de la culture classique et aussi de la littérature allemande, c'est un romancier subtil, littéraire à l'extrême, personne ne le croit doué pour le théâtre. Pourtant, sa première pièce, consacrée au dialogue franco-allemand, *Siegfried* (1928), est un succès. Beaucoup d'autres suivront, et d'abord celui d'*Amphitryon 38*.

On sait que Jupiter, dans la fable antique, passe le plus clair de son temps à rechercher, sous divers déguisements, les faveurs des plus jolies mortelles. Alcmène, charmante Thébaine, n'a d'amour que pour son mari, Amphitryon. C'est donc l'apparence d'Amphitryon que revêt Jupiter pour obtenir une nuit de l'épouse fidèle. Tel est l'épisode galant que, s'il faut en croire Giraudoux, trente-sept auteurs dramatiques avaient traité avant lui. Il est vrai qu'il s'est gardé de nous en donner la liste. Au moins, en connaissons-nous quelques-uns, Plaute, Rotrou, Molière, Kleist. Il doit peu

à Molière, davantage à Kleist, adaptateur allemand de
Molière (1807). Chez ce dernier, Alcmène n'était pas le
personnage principal. Elle l'est devenue chez Giraudoux. Molière avait fait d'elle l'héroïne involontaire
d'un adultère truqué grâce aux privilèges divins de
l'amant. Giraudoux introduit dans ce vaudeville poéti-
que une autre dimension. Son Alcmène parle au nom
d'une humanité debout, satisfaite de ses limites, fière
de sa condition. Elle refuse l'immortalité que lui offre
un Jupiter empêtré dans sa divinité, incapable de
comprendre ses créatures.

Mais la relation d'*Amphitryon 38* à Kleist n'est rien au
prix des comparaisons qu'on peut établir entre la pièce
de 1929 et les œuvres antérieures de Giraudoux. On y
voit fonctionner une sorte de jeu mythologique origi-
nal, où les partenaires sont le Destin et de jolies
femmes, malicieuses, bien-disantes, irrésistibles : Suzanne,
Juliette, plus tard Isabelle, Maléna. Alcmène vient se
ranger naturellement parmi elles.

On se gardera, d'autre part, de négliger une indication fournie par Giraudoux lui-même : à mesure qu'il
s'avance, en compagnie de Louis Jouvet et de ses
comédiens, dans la carrière dramatique, il se laisse
prendre au spectacle intérieur qu'ils lui donnent, il y
trouve une collaboration vivante et concrète, il compose à chaque fois les personnages de la nouvelle pièce
avec le visage et la voix des acteurs qui ont créé la
précédente. C'est ainsi que Jupiter, si hésitant dans
l'exercice de ses pouvoirs olympiens, est, sous les traits
de Pierre Renoir, qui joue les deux rôles, une réincar-
nation du Siegfried de 1928, homme d'État sans patrie,
pitoyable sous l'apparence physique de la force.

Voilà donc Giraudoux au travail. On a longtemps prétendu qu'il ne lui coûtait guère. On a vu dans le français ailé de ses dialogues une improvisation, un don gratuit des dieux. Rien n'est plus faux. Il est vrai, pour *Amphitryon*, que les débuts sont rapides. Un premier état de la pièce est achevé en quelques semaines au printemps de 1929. Les répétitions commencent à la fin du mois d'août. L'originale paraît chez Grasset avec un « achevé d'imprimer » du 25 novembre. Mais pendant cette demi-année l'auteur n'a cessé d'apporter à son texte d'innombrables remaniements. Ses scrupules ont particulièrement porté sur le troisième acte. Dans la réalité, les liaisons amoureuses ont souvent des derniers moments difficiles. Au théâtre et dans l'invention de Giraudoux, celle d'Alcmène et de Jupiter n'échappe pas à la règle. Il n'a jamais été tout à fait content de son dénouement et il y a même apporté encore d'ultimes retouches pour la reprise de 1934. De là une masse extraordinaire de manuscrits, complets ou partiels, d'épreuves aux corrections multiples, de livrets de conduite bourrés de rectifications. Cette abondance est telle qu'elle rend impossible une édition critique intégrale. Au moins nous donne-t-elle de précieux renseignements sur le goût de l'écrivain, sur le souci, qui était le sien et celui de Jouvet : éviter toute facilité excessive, mais en même temps obéir aux exigences de la pièce jouée. C'est-à-dire passer, sans trahison, d'une pensée qui se forme secrètement, avec ses ambiguïtés, ses trouvailles brillantes, ses éclipses, à des répliques assez claires pour frapper le public comme une succession d'instantanés. Tout garder du charme d'un livre, tout respecter des lois du spectacle.

C'est ce que Giraudoux appellera, dans *L'Impromptu de Paris*, le théâtre « littéraire ». La réussite miraculeuse d'*Amphitryon 38* est celle de l'équilibre parfait qu'un tel théâtre réclame entre ces plaisirs : celui de lire, celui de voir, celui d'entendre. La pièce, qui n'use pas des complications d'intrigue où invitait le sujet, est baignée de sensualité. Elle touche à la métaphysique, avec ironie, comme un dialogue de Lucien. En même temps, comme dans une comédie d'Aristophane, mais sans grivoiserie, l'imagination y est sans cesse ramenée aux joies de l'amour, à de beaux corps de femmes, à ces comédiennes, Valentine Tessier, Lucienne Bogaert, habillées, lors de la création, par Lanvin. Pièce impré-gnée de paganisme, mais que ces robes et les décors de Camille Cipra harmonisaient, en 1929, avec les formes les plus heureuses de l'époque, avec les lignes que l'architecture, l'ameublement, les carrosseries de voi-tures, proposaient aux regards en ces années qui suivent l'Exposition des Arts décoratifs. Giraudoux ne fuit pas son temps, il en accepte même les modes, mais il les soumet à son propre style et, d'emblée, il enchante le public, qui vient l'applaudir au long de 236 représen-tations. Ce succès ne doit rien aux critiques, générale-ment méfiants, renfrognés, un peu vexés (avec quel-ques exceptions : Henri Gouhier, Gérard d'Houville, Lucien Dubech). Mais les spectateurs d'alors ont deviné juste, ils ont pressenti ce qui est devenu évident à ceux d'aujourd'hui : le XVIIIe siècle a Marivaux, le XIXe Mus-set, nous avons Giraudoux.

JACQUES ROBICHEZ

Amphitryon 38

AMPHITRYON 38

Comédie en trois actes représentée pour la première fois à la Comédie-des-Champs-Elysées, le 8 novembre 1929, avec la mise en scène de Louis Jouvet.

Noms des artistes dans l'ordre de leur entrée en scène :

Jupiter	Pierre Renoir
Mercure	Louis Jouvet
Sosie	Romain Bouquet
Le Trompette	Michel Simon
Le Guerrier	Alexandre Rignault
Alcmène	Valentine Tessier
Amphitryon	Allain-Durthal
Ecclissé	Charlotte Clasis
Léda	Lucienne Bogaert
L'Echo	Suzet Maïs

Cette édition donne le texte complet de la pièce.

Le texte utilisé pour la représentation devra être demandé à la Société des Auteurs et Compositeurs dramatiques, 9, rue Ballu, Paris.

ACTE PREMIER

Une terrasse près d'un palais.

SCÈNE PREMIÈRE

JUPITER, MERCURE

JUPITER

Elle est là, cher Mercure !

MERCURE

Où cela, Jupiter ?

JUPITER

Tu vois la fenêtre éclairée, dont la brise remue le voile. Alcmène est là ! Ne bouge point. Dans quelques minutes, tu pourras peut-être voir passer son ombre.

MERCURE

A moi cette ombre suffira. Mais je vous admire, Jupiter, quand vous aimez une mortelle, de renoncer à vos privilèges divins et de perdre une nuit au milieu de cactus et de ronces pour apercevoir l'ombre d'Alcmène, alors que de vos yeux habituels vous pourriez si facilement percer les murs de sa chambre, pour ne point parler de son linge.

JUPITER

Et toucher son corps de mains invisibles pour elle, et l'enlacer d'une étreinte qu'elle ne sentirait pas !

MERCURE

Le vent aime ainsi, et il n'en est pas moins, autant que vous, un des principes de la fécondité.

JUPITER

Tu ne connais rien à l'amour terrestre, Mercure !

MERCURE

Vous m'obligez trop souvent à prendre figure d'homme pour l'ignorer. A votre suite, parfois j'aime une femme. Mais, pour l'aborder, il faut lui plaire, puis la déshabiller, la rhabiller; puis, pour obtenir de la quitter, lui déplaire... C'est tout un métier...

JUPITER

J'ai peur que tu n'ignores les rites de l'amour humain. Ils sont rigoureux; de leur observation seule naît le plaisir.

MERCURE

Je connais ces rites.

JUPITER

Tu la suis d'abord, la mortelle, d'un pas étoffé et égal aux siens, de façon à ce que tes jambes se déplacent du même écart, d'où naissent dans la base du corps le même appel et le même rythme ?

MERCURE

Forcément, c'est la première règle.

JUPITER

Puis, bondissant, de la main gauche tu presses
sa gorge, où siègent à la fois les vertus et la défail-
lance, de la main droite tu caches ses yeux, afin
que les paupières, parcelle la plus sensible de la
peau féminine, devinent à la chaleur et aux lignes
de la paume ton désir d'abord, puis ton destin
et ta future et douloureuse mort, — car il faut
un peu de pitié pour achever la femme.

MERCURE

Deuxième prescription; je la sais par cœur.

JUPITER

Enfin, ainsi conquise, tu délies sa ceinture, tu
l'étends, avec ou sans coussin sous la tête, suivant
la teneur plus ou moins riche de son sang?

MERCURE

Je n'ai pas le choix; c'est la troisième et dernière règle.

JUPITER

Et ensuite, que fais-tu? Qu'éprouves-tu?

MERCURE

Ensuite? Ce que j'éprouve? Vraiment rien de
particulier, tout à fait comme avec Vénus!

JUPITER

Alors pourquoi viens-tu sur la terre?

MERCURE

Comme un vrai humain, par laisser-aller. Avec
sa dense atmosphère et ses gazons, c'est la planète où il est le plus doux d'atterrir et de séjour-
ner, bien qu'évidemment ses métaux, ses essences,
ses êtres sentent fort, et que ce soit le seul astre
qui ait l'odeur d'un fauve.

JUPITER

Regarde le rideau ! Regarde vite !

MERCURE

Je vois. C'est son ombre.

JUPITER

Non. Pas encore. C'est d'elle ce que ce tissu
peut prendre de plus irréel, de plus impalpable.
C'est l'ombre de son ombre !

MERCURE

Tiens, la silhouette se coupe en deux ! C'était
deux personnes enlacées ! Ce n'était pas du fils
de Jupiter que cette ombre était grosse, mais simplement de son mari ! Car c'est lui, du moins
je l'espère pour vous, ce géant qui s'approche et
qui l'embrasse encore !

JUPITER

Oui, c'est Amphitryon, son seul amour.

MERCURE

Je comprends pourquoi vous renoncez à votre
vue divine, Jupiter. Voir l'ombre du mari accoler
l'ombre de sa femme est évidemment moins

pénible que de suivre leur jeu en chair et en couleur !

JUPITER

Elle est là, cher Mercure, enjouée, amoureuse.

MERCURE

Et docile, à ce qu'il paraît.

JUPITER

Et ardente.

MERCURE

Et comblée, je vous le parie.

JUPITER

Et fidèle.

MERCURE

Fidèle au mari, ou fidèle à soi-même, c'est là la question.

JUPITER

L'ombre a disparu. Alcmène s'étend sans doute, dans sa langueur, pour s'abandonner au chant de ces trop heureux rossignols !

MERCURE

N'égarez pas votre jalousie sur ces oiseaux, Jupiter. Vous savez parfaitement le rôle désintéressé qu'ils jouent dans l'amour des femmes. Pour plaire à celles-là, vous vous êtes déguisé parfois en taureau, jamais en rossignol. Non, non, tout le danger réside dans la présence du mari de cette belle blonde !

JUPITER

Comment sais-tu qu'elle est blonde ?

MERCURE

Elle est blonde et rose, toujours rehaussée au
visage par du soleil, à la gorge par de l'aurore,
et là où il le faut par toute la nuit.

JUPITER

Tu inventes, ou tu l'as épiée ?

MERCURE

Tout à l'heure, pendant son bain, j'ai simplement repris une minute mes prunelles de dieu...
Ne vous fâchez pas. Me voici myope à nouveau.

JUPITER

Tu mens ! Je le devine à ton visage. Tu la
vois ! Il est un reflet, même sur le visage d'un
dieu, que donne seulement la phosphorescence
d'une femme. Je t'en supplie ! Que fait-elle ?

MERCURE

Je la vois, en effet...

JUPITER

Elle est seule ?

MERCURE

Elle est penchée sur Amphitryon étendu. Elle
soupèse sa tête en riant. Elle la baise, puis la
laisse retomber, tant ce baiser l'a alourdie ! La
voilà de face. Tiens, je m'étais trompé ! Elle est
toute, toute blonde.

JUPITER

Et le mari ?

MERCURE

Brun, tout brun, la pointe des seins abricot.

JUPITER

Je te demande ce qu'il fait.

MERCURE

Il la flatte de la main, ainsi qu'on flatte un jeune cheval... C'est un cavalier célèbre d'ailleurs.

JUPITER

Et Alcmène ?

MERCURE

Elle a fui, à grandes enjambées. Elle a pris un pot d'or, et, revenant à la dérobée, se prépare à verser sur la tête du mari une eau fraîche... Vous pouvez la rendre glaciale, si vous voulez.

JUPITER

Pour qu'il s'énerve, certes non !

MERCURE

Ou bouillante.

JUPITER

Il me semblerait ébouillanter Alcmène, tant l'amour d'une épouse sait faire de l'époux une part d'elle-même.

MERCURE

Mais enfin que comptez-vous faire avec la part d'Alcmène qui n'est pas Amphitryon ?

JUPITER

L'étreindre, la féconder !

MERCURE

Mais par quelle entreprise ? La principale difficulté, avec les femmes honnêtes, n'est pas de les séduire, c'est de les amener dans des endroits clos. Leur vertu est faite des portes entrouvertes.

JUPITER

Quel est ton plan ?

MERCURE

Plan humain ou plan divin ?

JUPITER

Et quelle serait la différence ?

MERCURE

Plan divin : l'élever jusqu'à nous, l'étendre sur des nuées, lui laisser reprendre, après quelques instants, lourde d'un héros, sa pesanteur.

JUPITER

Je manquerais ainsi le plus beau moment de l'amour d'une femme.

MERCURE

Il y en a plusieurs ? Lequel ?

JUPITER

Le consentement.

MERCURE

Alors prenez le moyen humain : entrez par la porte, passez par le lit, sortez par la fenêtre.

JUPITER

Elle n'aime que son mari.

MERCURE

Empruntez la forme du mari.

JUPITER

Il est toujours là. Il ne bouge plus du palais. Il n'y a pas plus casanier, si ce n'est les tigres, que les conquérants au repos !

MERCURE

Eloignez-le. Il est une recette pour éloigner les conquérants de leur maison.

JUPITER

La guerre ?

MERCURE

Faites déclarer la guerre à Thèbes.

JUPITER

Thèbes est en paix avec tous ses ennemis.

MERCURE

Faites-lui déclarer la guerre par un pays ami... Ce sont des services qui se rendent, entre voisins... Ne vous faites pas d'illusion... Nous sommes des dieux... Devant nous l'aventure humaine se cabre et se stylise. Le sort exige beaucoup plus de nous sur la terre que des hommes... Il nous faut au moins amonceler par milliers les miracles et les prodiges, pour obtenir d'Alcmène la minute que le plus maladroit des amants mortels obtient par des grimaces... Faites surgir un homme d'armes qui annonce la guerre... Lancez aussitôt Amphitryon à la tête de ses armées, prenez sa forme, et prêtez-moi, dès son départ, l'apparence de Sosie pour que j'annonce discrètement à Alcmène qu'Amphitryon feint de partir, mais reviendra passer la nuit au palais... Vous voyez. On nous dérange déjà. Cachons-nous... Non, ne faites pas de nuée spéciale, Jupiter ! Ici-bas nous avons, pour nous rendre invisibles aux créanciers, aux jaloux, même aux soucis, cette grande entreprise démocratique, — la seule réussie, d'ailleurs, — qui s'appelle la nuit.

SCÈNE DEUXIÈME

SOSIE, LE TROMPETTE, LE GUERRIER

SOSIE

C'est toi, le trompette de jour ?

LE TROMPETTE

Si j'ose dire, oui. Et toi, qui es-tu ? Tu ressembles à quelqu'un que je connais.

SOSIE

Cela m'étonnerait, je suis Sosie. Qu'attends-tu ?
Sonne !

LE TROMPETTE

Que dit-elle, votre proclamation ?

SOSIE

Tu vas l'entendre.

LE TROMPETTE

C'est pour un objet perdu ?

SOSIE

Pour un objet retrouvé. Sonne, te dis-je !

LE TROMPETTE

Tu ne penses pas que je vais sonner sans savoir
de quoi il s'agit ?

SOSIE

Tu n'as pas le choix, tu n'as qu'une note à ta
trompette.

LE TROMPETTE

Je n'ai qu'une note à ma trompette, mais je
suis compositeur d'hymnes.

SOSIE

D'hymnes à une note ? Dépêche-toi. Orion
paraît.

LE TROMPETTE

Orion paraît, mais, si je suis célèbre parmi les
trompettes à une note, c'est qu'avant de sonner,

ma trompette à la bouche, j'imagine d'abord tout
un développement musical et silencieux, dont ma
note devient la conclusion. Cela lui donne une
valeur inattendue.

SOSIE

Hâte-toi, la ville s'endort.

LE TROMPETTE

La ville s'endort, mais mes collègues, je te le
répète, en enragent de jalousie. On m'a dit qu'aux
écoles de trompette ils s'entraînent uniquement
désormais à perfectionner la qualité de leur silence. Dis-moi donc de quel objet perdu il s'agit,
pour que je compose mon air muet en consé-
quence.

SOSIE

Il s'agit de la paix.

LE TROMPETTE

De quelle paix ?

SOSIE

De ce qu'on appelle la paix, de l'intervalle
entre deux guerres ! Tous les soirs Amphitryon
ordonne que je lise une proclamation aux Thébains. C'est un reste des habitudes de campagne.
Il a remplacé l'ordre du jour par l'ordre de
nuit. Sur les manières diverses de se protéger des
insectes, des orages, du hoquet. Sur l'urbanisme,
sur les dieux. Toutes sortes de conseils d'urgence.
Ce soir, il leur parle de la paix.

LE TROMPETTE

Je vois. Quelque chose de pathétique, de sublime ? Ecoute.

SOSIE

Non, de discret.

> Le trompette porte la trompette à sa bouche, bat de la main une mesure légère, et enfin, sonne.

SOSIE

A mon tour maintenant !

LE TROMPETTE

C'est vers les auditeurs qu'on se tourne, quand on lit un discours, non vers l'auteur.

SOSIE

Pas chez les hommes d'Etat. D'ailleurs là-bas ils dorment tous. Pas une seule lumière. Ta trompette n'a pas porté.

LE TROMPETTE

S'ils ont entendu mon hymne muet, cela me suffit...

SOSIE, déclamant.

O Thébains ! Voici la seule proclamation que vous puissiez entendre dans vos lits, et sans qu'il soit besoin de vous tirer du sommeil ! Mon maître, le général Amphitryon, veut vous parler de la paix... Quoi de plus beau que la paix ? Quoi de plus beau qu'un général qui vous parle de la paix ? Quoi de plus beau qu'un général qui vous parle de la paix des armes dans la paix de la nuit ?

LE TROMPETTE
Qu'un général ?

SOSIE
Tais-toi.

LE TROMPETTE
Deux généraux.

> Dans le dos même de Sosie, gravissant degré par degré l'escalier qui mène à la terrasse, surgit et grandit un guerrier géant, en armes.

SOSIE
Dormez, Thébains ! Il est bon de dormir sur une patrie que n'éventrent point les tranchées de la guerre, sur des lois qui ne sont pas menacées, au milieu d'oiseaux, de chiens, de chats, de rats qui ne connaissent pas le goût de la chair humaine. Il est bon de porter son visage national, non pas comme un masque à effrayer ceux qui n'ont pas le même teint et le même poil, mais comme l'ovale le mieux fait pour exposer le rire et le sourire. Il est bon, au lieu de reprendre l'échelle des assauts, de monter vers le sommeil par l'escabeau des déjeuners, des dîners, des soupers, de pouvoir entretenir en soi sans scrupule la tendre guerre civile des ressentiments, des affections, des rêves !... Dormez ! Quelle plus belle panoplie que vos corps sans armes et tout nus, étendus sur le dos, bras écartés, chargés uniquement de leur

nombril... Jamais nuit n'a été plus claire, plus parfumée, plus sûre... Dormez.

LE TROMPETTE

Dormons.

> Le guerrier gravit les derniers degrés et se rapproche.

SOSIE, tirant un rouleau et lisant.

Entre l'Ilissus et son affluent, nous avons fait un prisonnier, un chevreuil venu de Thrace... Entre le mont Olympe et le Taygète, par une opération habile, nous avons fait sortir des sillons un beau gazon, qui deviendra le blé, et lancé sur les seringas deux vagues entières d'abeilles. Sur les bords de la mer Egée, la vue des flots et des étoiles n'oppresse plus le cœur, et dans l'Archipel, nous avons capté mille signaux de temples à astres, d'arbres à maisons, d'animaux à hommes, que nos sages vont s'occuper des siècles à déchiffrer... Des siècles de paix nous menacent !... Maudite soit la guerre !...

> Le guerrier est derrière Sosie.

LE GUERRIER

Tu dis ?

SOSIE

Je dis ce que j'ai à dire : Maudite soit la guerre !

LE GUERRIER

Tu sais à qui tu le dis ?

SOSIE

Non.

LE GUERRIER

A un guerrier !

SOSIE

Il y a différentes sortes de guerre !

LE GUERRIER

Pas de guerriers... Où est ton maître ?

SOSIE

Dans cette chambre, la seule éclairée.

LE GUERRIER

Le brave général ! Il étudie ses plans de bataille ?

SOSIE

Sans aucun doute. Il les lisse, il les caresse.

LE GUERRIER

Quel grand stratège...

SOSIE

Il les étend près de lui, à eux colle sa bouche.

LE GUERRIER

C'est la nouvelle théorie. Porte-lui ce message à l'instant ! Qu'il s'habille ! Qu'il se hâte ! Ses armes sont en état ?

SOSIE

Un peu rouillées, accrochées du moins à des clous neufs.

LE GUERRIER

Qu'as-tu à hésiter ?

SOSIE

Ne peux-tu attendre demain ? Jusqu'à ses chevaux se sont couchés, ce soir. Ils se sont étendus
sur le flanc, comme des humains, si grande est
la paix. Les chiens de garde ronflent au fond de
la niche, sur laquelle perche un hibou.

LE GUERRIER

Les animaux ont tort de se confier à la paix
humaine !

SOSIE

Ecoute ! De la campagne, de la mer résonne
partout ce murmure que les vieillards appellent
l'écho de la paix.

LE GUERRIER

C'est dans ces moments-là qu'éclate la guerre !

SOSIE

La guerre !

LE GUERRIER

Les Athéniens ont rassemblé leurs troupes et
passé la frontière.

SOSIE

Tu mens, ce sont nos alliés !

LE GUERRIER

Si tu veux. Nos alliés, donc, nous envahissent.

Ils prennent des otages. Ils les supplicient. Réveille Amphitryon !

SOSIE

Si j'avais à ne le réveiller que du sommeil et non du bonheur ! Ce n'est vraiment pas de chance : le jour de la proclamation sur la paix !

LE GUERRIER

Personne ne l'a entendue. Va, et toi demeure. Sonne ta trompette...

Sosie sort.

LE TROMPETTE

Il s'agit de quoi ?

LE GUERRIER

De la guerre !

LE TROMPETTE

Je vois. Quelque chose de pathétique, de sublime ?

LE GUERRIER

Non, de jeune.

Le trompette sonne. Le guerrier est penché
sur la balustrade et crie.

LE GUERRIER

Réveillez-vous, Thébains ! Voici la seule proclamation que vous ne puissiez entendre endormis ! Que tous ceux dont les corps sont forts et sans défaut s'isolent à ma voix de cette masse suante

et haletante confondue dans la nuit. Levez-vous !
Prenez vos armes ! Ajoutez à votre poids cet appoint
de métal pur qui seul donne le vrai alliage du
courage humain. Ce que c'est ? C'est la guerre.

LE TROMPETTE

Ce qu'ils crient !

LE GUERRIER

C'est l'égalité, c'est la liberté, la fraternité :
c'est la guerre ! Vous tous, pauvres, que la for-
tune a injustement traités, venez vous venger
sur les ennemis ! Vous tous, riches, venez connaître la suprême jouissance, faire dépendre le sort
de vos trésors, de vos joies, de vos favorites, du
sort de votre patrie ! Vous, joueurs, venez jouer
votre vie ! Vous, jouisseurs impies, la guerre vous
permet tout, d'aiguiser vos armes sur les statues
même des dieux, de choisir entre les lois, entre
les femmes ! Vous, paresseux, aux tranchées : la
guerre est le triomphe de la paresse. Vous, hommes
diligents, vous avez l'intendance. Vous, qui aimez
les beaux enfants, vous savez qu'après les guerres
un mystère veut qu'il naisse plus de garçons que
de filles, excepté chez les Amazones... Ah ! j'aperçois là-bas, dans cette chaumière, la première
lampe que le cri de la guerre ait allumée... Voilà
la seconde, la troisième, toutes s'allument. Premier incendie de la guerre, le plus beau, qui
incendie la ligne des familles !... Levez-vous, ras-
semblez-vous. Car qui oserait préférer à la gloire
d'aller pour la patrie souffrir de la faim, souffrir
de la soif, s'enliser dans les boues, mourir, la

perspective de rester loin du combat, dans la
nourriture et la tranquillité...

LE TROMPETTE

Moi.

LE GUERRIER

D'ailleurs ne craignez rien. Le civil s'exagère
les dangers de la guerre. On m'affirme que se réa-
lisera enfin cette fois ce dont est persuadé chaque
soldat au départ pour la guerre : que, par un
concours divin de circonstances, il n'y aura pas
un mort et que tous les blessés le seront au bras
gauche, excepté les gauchers. Formez vos compa-
gnies !... C'est là le grand mérite des patries, en
réunissant les êtres éparpillés, d'avoir remplacé le
duel par la guerre. Ah ! que la paix se sent hon-
teuse, elle qui accepte pour la mort les vieillards,
les malades, les infirmes, de voir que la guerre
n'entend livrer au trépas que des hommes vigou-
reux, et parvenus au point de santé le plus haut
où puissent parvenir des hommes... C'est cela :
Mangez, buvez un peu, avant votre départ...
Ah ! qu'il est bon à la langue le restant de pâté
de lièvre arrosé de vin blanc, entre l'épouse en
larmes et les enfants qui sortent du lit un par un,
par ordre d'âge, comme ils sont sortis du néant !
Guerre : Salut !

LE TROMPETTE

Voilà Sosie !

LE GUERRIER

Ton maître est prêt ?

SOSIE

Il est prêt. C'est ma maîtresse qui n'est pas tout à fait prête. Il est plus facile de revêtir l'uniforme de la guerre que celui de l'absence.

LE GUERRIER

Elle est de celles qui pleurent ?

SOSIE

De celles qui sourient. Mais les épouses guérissent plus facilement des larmes que d'un tel sourire. Les voilà...

LE GUERRIER

En route !

SCÈNE TROISIÈME

ALCMENE, AMPHITRYON

ALCMÈNE

Je t'aime, Amphitryon.

AMPHITRYON

Je t'aime, Alcmène.

ALCMÈNE

C'est bien là le malheur ! Si nous avions chacun un tout petit peu de haine l'un pour l'autre, cette heure en serait moins triste.

AMPHITRYON

Il n'y a plus à nous le dissimuler, femme ado-
rée, nous ne nous haïssons point.

ALCMÈNE

Toi, qui vis près de moi toujours distrait, sans
te douter que tu as une femme parfaite, tu vas
enfin penser à moi dès que tu seras loin, tu le
promets ?

AMPHITRYON

J'y pense déjà, chérie.

ALCMÈNE

Ne te tourne pas ainsi vers la lune. Je suis
jalouse d'elle. Quelles pensées prendrais-tu d'ailleurs de cette boule vide ?

AMPHITRYON

De cette tête blonde, que vais-je prendre ?

ALCMÈNE

Deux frères : le parfum et le souvenir...
Comment ! tu t'es rasé ? On se rase maintenant
pour aller à la guerre ? Tu comptes paraître plus
redoutable, avec la peau poncée ?

AMPHITRYON

J'abaisserai mon casque. La Méduse y est
sculptée.

ALCMÈNE

C'est le seul portrait de femme que je te per-
mette. Oh ! tu t'es coupé, tu saignes ! Laisse-moi

boire sur toi le premier sang de cette guerre...
Vous buvez encore votre sang, entre adversaires ?

AMPHITRYON

A notre santé mutuelle, oui.

ALCMÈNE

Ne plaisante pas. Abaisse plutôt ce casque, que
je te regarde avec l'œil d'un ennemi.

AMPHITRYON

Apprête-toi à frémir !

ALCMÈNE

Que la Méduse est peu effrayante, quand elle
regarde avec tes yeux !... Tu la trouves intéres-
sante, cette façon de natter ses cheveux ?

AMPHITRYON

Ce sont des serpents taillés en plein or.

ALCMÈNE

En vrai or ?

AMPHITRYON

En or vierge, et les cabochons sont deux éme-
raudes.

ALCMÈNE

Méchant mari, comme tu es coquet avec la
guerre ! Pour elle les bijoux, les joues lisses. Pour
moi, la barbe naissante, l'or non vierge ! Et tes
jambières, en quoi sont-elles ?

AMPHITRYON

En argent. Les nielles, de platine.

ALCMÈNE

Elles ne te serrent pas ? Tes jambières d'acier sont bien plus souples pour la course.

AMPHITRYON

Tu as vu courir des généraux en chef ?

ALCMÈNE

En somme, tu n'as rien de ta femme sur toi. Tu ne t'habillerais pas autrement, pour un rendez-vous. Avoue-le, tu vas combattre les Amazones. Si tu mourais au milieu de ces excitées, cher époux, on ne trouverait sur toi rien de ta femme, aucun souvenir, aucune marque... Quelle vexation pour moi !... Je vais te mordre au bras, avant ton départ... Quelle tunique portes-tu, sous ta cuirasse ?

AMPHITRYON

L'églantine, avec les galons noirs.

ALCMÈNE

Voilà donc ce que j'aperçois à travers les joints, quand tu respires et qu'ils s'ouvrent, et qui te fait cette chair d'aurore ... Respire, respire encore, et laisse-moi entrevoir ce corps rayonnant au fond de cette triste nuit... Tu restes encore un peu, tu m'aimes ?

AMPHITRYON

Oui, j'attends mes chevaux.

ALCMÈNE

Relève un peu ta Méduse. Essaie-la sur les étoiles. Regarde, elles n'en scintillent que mieux. Elles ont de la chance. Elles s'apprêtent à te guider.

AMPHITRYON

Les généraux ne lisent pas leur chemin dans les étoiles.

ALCMÈNE

Je sais. Ce sont les amiraux... Laquelle choisis-tu, pour que nos yeux se portent sur elle, demain et chaque soir, à cette heure de la nuit ? Même s'ils me parviennent par une aussi lointaine et banale entremise, j'aime tes regards.

AMPHITRYON

Choisissons !... Voici Vénus, notre amie commune.

ALCMÈNE

Je n'ai pas confiance en Vénus. Tout ce qui touche mon amour, j'en aurai soin moi-même.

AMPHITRYON

Voici Jupiter, c'est un beau nom !

ALCMÈNE

Il n'y en a pas une sans nom ?

AMPHITRYON

Cette petite là-bas, appelée par tous les astronomes l'étoile anonyme.

ALCMÈNE

Cela aussi est un nom... Laquelle a lui sur tes victoires ? Parle-moi de tes victoires, chéri... Comment les gagnes-tu ? Dis à ton épouse ton secret ! Tu les gagnes en chargeant, en criant mon nom, en forçant cette barrière ennemie au-delà de laquelle seulement se retrouve tout ce qu'on a laissé derrière soi, sa maison, ses enfants, sa femme ?

AMPHITRYON

Non, chérie.

ALCMÈNE

Explique !

AMPHITRYON

Je les gagne par l'enveloppement de l'aile gauche avec mon aile droite, puis par le sectionnement de leur aile droite entière par mes trois quarts d'aile gauche, puis par des glissements répétés de ce dernier quart d'aile, qui me donne la victoire.

ALCMÈNE

Quel beau combat d'oiseaux ! Combien en as-tu gagné, aigle chéri ?

AMPHITRYON

Une, une seule.

ALCMÈNE

Cher époux, auquel un seul triomphe a valu plus de gloire qu'à d'autres une vie de conquêtes !

Demain cela fera deux, n'est-ce pas ? Car tu vas
revenir, tu ne seras pas tué !

AMPHITRYON

Demande au destin.

ALCMÈNE

Tu ne seras pas tué ! Ce serait trop injuste. Les
généraux en chef ne devraient pas être tués !

AMPHITRYON

Pourquoi ?

ALCMÈNE

Comment, pourquoi ? Ils ont les femmes les
plus belles, les palais les mieux tenus, la gloire.
Tu as la plus lourde vaisselle d'or de Grèce,
chéri. Une vie humaine n'a pas à s'envoler sous
ce poids... Tu as Alcmène !

AMPHITRYON

Aussi penserai-je à Alcmène pour mieux tuer
mes ennemis.

ALCMÈNE

Tu les tues comment ?

AMPHITRYON

Je les atteins avec mon javelot, je les abats
avec ma lance, et je les égorge avec mon épée, que
je laisse dans la plaie...

ALCMÈNE

Mais tu es désarmé après chaque mort d'ennemi comme l'abeille après sa piqûre... ! Je ne

vais plus dormir, ta méthode est trop dange-
reuse !... Tu en as tué beaucoup ?

AMPHITRYON

Un, un seul.

ALCMÈNE

Tu es bon, chéri ! C'était un roi, un général ?

AMPHITRYON

Non. Un simple soldat.

ALCMÈNE

Tu es modeste ! Tu n'as pas de ces préjugés
qui, même dans la mort, isolent les gens par
caste... Lui as-tu laissé une minute, entre la lance
et l'épée pour qu'il te reconnaisse et comprenne
à quel honneur tu daignais ainsi l'appeler ?

AMPHITRYON

Oui, il regardait ma Méduse, lèvres sanglantes,
d'un pauvre sourire respectueux.

ALCMÈNE

Il t'a dit son nom, avant de mourir ?

AMPHITRYON

C'était un soldat anonyme. Ils sont un certain
nombre comme cela; c'est juste le contraire des
étoiles.

ALCMÈNE

Pourquoi n'a-t-il pas dit son nom ? Je lui aurais
élevé un monument dans le palais. Toujours,
son autel aurait été pourvu d'offrandes et de

fleurs. Aucune ombre aux enfers n'aurait été plus choyée que le tué de mon époux... Ah ! cher mari, je me réjouis que tu sois l'homme d'une seule victoire, d'une seule victime. Car peut-être aussi es-tu l'homme d'une seule femme... Ce sont tes chevaux !... Embrasse-moi...

AMPHITRYON

Non, les miens vont l'amble. Mais je peux t'embrasser quand même. Doucement, chérie, ne te presse pas trop fort contre moi ! Tu te ferais mal. Je suis un mari de fer.

ALCMÈNE

Tu me sens, à travers ta cuirasse ?

AMPHITRYON

Je sens ta vie et ta chaleur. Par tous les joints où peuvent m'atteindre les flèches, tu m'atteins. Et toi ?

ALCMÈNE

Un corps aussi est une cuirasse. Souvent, étendue dans tes bras même, je t'ai senti plus lointain et plus froid qu'aujourd'hui.

AMPHITRYON

Souvent aussi, Alcmène, je t'ai pressée plus triste et plus désolée contre moi. Et cependant je partais pour la chasse, et non pour la guerre... Voilà que tu souris !... On dirait que cette annonce subite de la guerre t'a soulagée de quelque angoisse.

ALCMÈNE

Tu n'as pas entendu, l'autre matin, sous notre
fenêtre, cet enfant pleurer ? Tu n'as pas vu là
un sinistre présage ?

AMPHITRYON

Le présage commence au coup de tonnerre dans
le ciel serein, et encore avec l'éclair triple.

ALCMÈNE

Le ciel était serein, et cet enfant pleurait...
Pour moi c'est le pire présage.

AMPHITRYON

Ne sois pas superstitieuse, Alcmène ! Tiens-t'en
aux prodiges officiels. Ta servante a-t-elle donné
naissance à une fille cousue et palmée ?

ALCMÈNE

Non, mais mon cœur se serrait, des larmes cou-
laient de mes yeux au moment où je croyais rire...
J'avais la certitude qu'une menace terrible pla-
nait au-dessus de notre bonheur... Grâce à Dieu,
c'était la guerre, et j'en suis presque soulagée, car
la guerre au moins est un danger loyal, et j'aime
mieux les ennemis à glaives et à lances. Ce n'était
que la guerre !

AMPHITRYON

Que pouvais-tu craindre, à part la guerre ?
Nous avons la chance de vivre jeunes sur une planète encore jeune, où les méchants n'en sont
qu'aux méchancetés primaires, aux viols, aux par-

ricides, aux incestes... Nous sommes aimés ici... La
mort nous trouvera tous deux unis contre elle...
Que pouvait-on bien menacer autour de nous ?

ALCMÈNE

Notre amour ! Je craignais que tu ne me
trompes. Je te voyais dans les bras des autres
femmes.

AMPHITRYON

De toutes les autres ?

ALCMÈNE

Une ou mille, peu importe. Tu étais perdu
pour Alcmène. L'offense était la même.

AMPHITRYON

Tu es la plus belle des Grecques.

ALCMÈNE

Aussi n'était-ce pas les Grecques que je craignais. Je craignais les déesses, et les étrangères.

AMPHITRYON

Tu dis ?

ALCMÈNE

Je craignais d'abord les déesses. Quand elles
naissent soudain du ciel ou des eaux, roses sans
fard, nacrées sans poudre, avec leurs jeunes
gorges et leurs regards de ciel, et qu'elles vous
enlacent soudain de chevilles, de bras plus blancs
que la neige et plus puissants que des leviers,
il doit être bien difficile de leur résister, n'est-ce
pas ?

AMPHITRYON

Pour tout autre que moi, évidemment !

ALCMÈNE

Mais, comme tous les dieux, elles se vexent d'un rien, et veulent être aimées. Tu ne les aimais pas.

AMPHITRYON

Je n'aimais pas non plus les étrangères.

ALCMÈNE

Elles t'aimaient ! Elles aiment tout homme marié, tout homme qui appartient à une autre, fût-ce à la science ou à la gloire. Quand elles arrivent dans nos villes, avec leurs superbes bagages, les belles à peu près nues sous leur soie ou leur fourrure, les laides portant arrogamment leur laideur comme une beauté parce que c'est une laideur étrangère, c'en est fini, dans l'armée et dans l'art, de la paix des ménages. Car le goût de l'étranger agit plus puissant sur un homme que le goût du foyer. Comme un aimant, les étrangères attirent sur elles les pierres précieuses, les manuscrits rares, les plus belles fleurs, et les mains des maris... Et elles s'adorent elles-mêmes, car elles restent étrangères à elles-mêmes... Voilà ce que je redoutais pour toi, cher époux, quand j'étais harcelée par tous ces présages ! Je craignais tous les noms de saisons, de fruits, de plaisirs prononcés par un accent nouveau, je craignais tous les actes de l'amour touchés d'un parfum

ou d'une hardiesse inconnus : je craignais une
étrangère !... Or, c'est la guerre qui vient, presque
une amie. Je lui dois de ne pas pleurer devant
elle.

AMPHITRYON

O Alcmène, femme chérie, sois satisfaite !
Lorsque je suis auprès de toi, tu es mon étrangère,
et tout à l'heure, dans la bataille, je te sentirai
mon épouse. Attends-moi donc sans crainte. Je
serai bientôt revenu, et ce sera pour toujours.
Une guerre est toujours la dernière des guerres.
Celle-ci est une guerre entre voisins; elle sera
brève. Nous vivrons heureux dans notre palais,
et quand l'extrême vieillesse sera là, j'obtiendrai
d'un dieu, pour la prolonger, qu'il nous change
en arbres, comme Philémon et Baucis.

ALCMÈNE

Cela t'amusera de changer de feuilles chaque
année ?

AMPHITRYON

Nous choisirons des feuillages toujours verts,
le laurier me va bien.

ALCMÈNE

Et nous vieillirons, et l'on nous coupera, et l'on
nous brûlera ?

AMPHITRYON

Et les cendres de nos branches et de nos écorces
se mêleront !

ALCMÈNE

Alors autant unir dès la fin de notre vie humaine les cendres de nos chairs et de nos os!

On entend le pas des chevaux.

AMPHITRYON

Cette fois, ce sont eux... Il faut partir.

ALCMÈNE

Qui, eux? Ton ambition, ton orgueil de chef, ton goût du carnage et de l'aventure?

AMPHITRYON

Non, simplement Elaphocéphale et Hypsipila, mes chevaux.

ALCMÈNE

Alors, pars! J'aime mieux te voir partir sur ces croupes débonnaires.

AMPHITRYON

Tu ne me dis rien d'autre !

ALCMÈNE

N'ai-je pas tout dit? Que font les autres épouses ?

AMPHITRYON

Elles affectent de plaisanter. Elles tendent votre bouclier en disant : — Reviens dessus ou dessous. Elles vous crient : — N'aie d'autre peur que de voir tomber le ciel sur ta tête ! Ma femme serait-elle mal douée pour les mots sublimes?

ALCMÈNE

J'en ai peur. Trouver une phrase qui irait
moins à toi qu'à la postérité, j'en suis bien incapable. Tout ce que je peux te dire, ce sont ces
paroles qui meurent doucement sur toi en te touchant : Amphitryon, je t'aime, Amphitryon, reviens vite!... D'ailleurs il n'y a plus beaucoup
de place dans les phrases quand on a prononcé
d'abord ton nom, il est si long...

AMPHITRYON

Mets le nom à la fin. Adieu, Alcmène.

ALCMÈNE

Amphitryon !

> Elle reste un moment accoudée, pendant
> que le bruit des pas des chevaux s'éloigne;
> puis se retourne et veut aller vers la mai-
> son. Mercure déguisé en Sosie, l'aborde.

SCÈNE QUATRIÈME

ALCMENE, MERCURE en Sosie

MERCURE

Alcmène, ma maîtresse.

ALCMÈNE

Que veux-tu, Sosie ?

MERCURE

J'ai un message pour vous, de la part de mon maître.

ALCMÈNE

Que dis-tu ? Il est encore à portée de la voix.

MERCURE

Justement. Personne ne doit entendre... Mon maître me charge de vous dire, premièrement qu'il feint de partir avec l'armée, deuxièmement qu'il reviendra cette nuit même, dès qu'il aura donné ses ordres. L'état-major campe à quelques lieues à peine, la guerre semble devoir être bénigne, et tous les soirs Amphitryon fera ce voyage, qu'il faut tenir secret...

ALCMÈNE

Je ne te comprends pas, Sosie.

MERCURE

Mon maître me charge de vous dire, princesse, qu'il feint de partir avec l'armée...

ALCMÈNE

Que tu es bête, Sosie. Comme tu sais peu ce que doit être le secret. Il faut feindre de l'ignorer ou de ne pas l'entendre, dès qu'on le connaît.

MERCURE

Très bien, maîtresse.

ALCMÈNE

D'ailleurs vraiment je n'ai pas compris un mot de ce que tu disais.

MERCURE

Il faut veiller, princesse, et attendre mon maître, car il me charge de vous dire...

ALCMÈNE

Tais-toi, s'il te plaît, Sosie. Je vais dormir...

> Elle sort, Mercure fait signe à Jupiter et l'amène sur la scène.

SCÈNE CINQUIÈME

JUPITER en Amphitryon,
MERCURE en Sosie

MERCURE

Vous les avez entendus, Jupiter ?

JUPITER

Comment, Jupiter ? Je suis Amphitryon !

MERCURE

Ne croyez pas m'y tromper, on devine le dieu à vingt pas.

JUPITER

C'est la copie exacte de ses vêtements.

MERCURE

Il s'agit bien de vêtements ! D'ailleurs, sur le chapitre vêtements aussi, vous vous trompez : Regardez-les. Vous sortez des ronces, et ils n'ont aucune éraflure. Je cherche en vain sur eux cet élan vers l'usure et vers l'avachissement qu'ont les tissus des meilleures marques le jour où on les étrenne. Vous avez des vêtements éternels. Je suis sûr qu'ils sont imperméables, qu'ils ne déteignent pas, et que si une goutte d'huile tombe sur eux de la lampe, elle ne fera aucune tache. Ce sont là les vrais miracles pour une bonne ménagère comme Alcmène, et elle ne s'y trompera pas. Tournez-vous.

JUPITER

Que je me tourne ?

MERCURE

Les hommes, comme les dieux, s'imaginent que les femmes ne les voient jamais que de face. Ils s'ornent de moustaches, de poitrines plastronnantes, de pendentifs. Ils ignorent que les femmes feignent d'être éblouies par cette face étincelante, mais épient de toute leur sournoiserie le dos. C'est au dos de leurs amants, quand ceux-ci se lèvent ou se retirent, au dos qui ne sait pas mentir, affaissé, courbé, qu'elles devinent leur veulerie ou leur fatigue. Vous avez un dos plus avantageux qu'une poitrine ! Il faut changer cela !

JUPITER

Les dieux ne se tournent jamais. D'ailleurs, il fera nuit, Mercure.

MERCURE

C'est à savoir. Il ne fera pas nuit si vous gardez ainsi sur vous-même le brillant de votre divinité. Jamais Alcmène ne reconnaîtrait son mari en ce ver luisant humain.

JUPITER

Toutes mes autres maîtresses s'y sont trompées.

MERCURE

Aucune, si vous voulez m'en croire. Avouez que vous-même n'étiez pas fâché de vous révéler à elles, par quelque exploit, ou par un de ces accès de lumière qui rendent votre corps translucide et épargnent les lampes à huile et leurs ennuis.

JUPITER

Un dieu aussi peut se plaire à être aimé pour lui-même.

MERCURE

Je crains qu'Alcmène ne vous refuse ce plaisir. Tenez-vous à la forme de son mari.

JUPITER

Je m'y tiendrai d'abord, et je verrai ensuite. Car tu ne saurais croire, cher Mercure, les surprises que réserve une femme fidèle. Tu sais que j'aime exclusivement les femmes fidèles. Je suis dieu aussi de la justice, et j'estimais qu'elles avaient droit à cette compensation, et je dois te dire aussi qu'elles y comptaient. Les femmes fidèles sont celles qui attendent du printemps, des lectures, des parfums, des tremblements de terre, les révélations que les autres demandent aux amants. En somme, elles sont infidèles à leurs époux avec le monde entier, excepté avec les hommes. Alcmène ne doit pas faire exception à cette règle. Je remplirai d'abord l'office d'Amphitryon, de mon mieux, mais, bientôt, par des questions habiles sur les fleurs, sur les animaux, sur les éléments, j'arriverai à savoir lequel hante son imagination, je prendrai sa forme... et serai ainsi aimé pour moi-même... Mes vêtements vont, maintenant?

MERCURE

C'est votre corps entier qui doit être sans défaut... Venez là, à la lumière, que je vous ajuste votre uniforme d'homme... Plus près, je vois mal.

JUPITER

Mes yeux sont bien?

MERCURE

Voyons vos yeux... Trop brillants... Ils ne sont qu'un iris, sans cornée, pas de soupçon de glande lacrymale; — peut-être allez-vous avoir à pleurer; — et les regards au lieu d'irradier des nerfs optiques, vous arrivent d'un foyer extérieur à vous à travers votre crâne... Ne commandez pas au soleil vos regards humains. La lumière des yeux terrestres correspond exactement à l'obscurité complète dans notre ciel... Même les assassins n'ont là que deux veilleuses... Vous ne preniez pas de prunelles, dans vos précédentes aventures?

JUPITER

Jamais, j'ai oublié... Comme ceci, les prunelles ?

MERCURE

Non, non, pas de phosphore... Changez ces yeux
de chat ! On voit encore vos prunelles au travers
de vos paupières quand vous clignez... On ne peut
se voir dans ces yeux-là... Mettez-leur un fond.

JUPITER

L'aventurine ne ferait pas mal, avec ses reflets
d'or.

MERCURE

A la peau maintenant !

JUPITER

A ma peau ?

MERCURE

Trop lisse, trop douce, votre peau... C'est de la
peau d'enfant. Il faut une peau sur laquelle le
vent ait trente ans soufflé, qui ait trente ans plongé
dans l'air et dans la mer, bref qui ait son goût,
car on la goûtera. Les autres femmes ne disaient
rien, en constatant que la peau de Jupiter avait
goût d'enfant ?

JUPITER

Leurs caresses n'en étaient pas plus maternelles.

MERCURE

Cette peau-là ne ferait pas deux voyages... Et res-
serrez un peu votre sac humain, vous y flottez !

JUPITER

C'est que cela me gêne... Voilà que je sens mon cœur battre, mes artères se gonfler, mes veines s'affaisser... Je me sens devenir un filtre, un sablier de sang... L'heure humaine bat en moi à me meurtrir. J'espère que mes pauvres hommes ne souffrent pas cela...

MERCURE

Le jour de leur naissance et le jour de leur mort.

JUPITER

Très désagréable de se sentir naître et mourir à la fois.

MERCURE

Ce ne l'est pas moins, par opération séparée.

JUPITER

As-tu maintenant l'impression d'être devant un homme ?

MERCURE

Pas encore. Ce que je constate surtout, devant un homme, devant un corps vivant d'homme, c'est qu'il change à chaque seconde, qu'incessamment il vieillit. Jusque dans ses yeux, je vois la lumière vieillir.

JUPITER

Essayons. Et pour m'y habituer, je me répète : je vais mourir, je vais mourir...

MERCURE

Oh ! Oh ! Un peu vite ! Je vois vos cheveux
pousser, vos ongles s'allonger, vos rides se creuser...
Là, là, plus lentement, ménagez vos ventricules.
Vous vivez en ce moment la vie d'un chien ou
d'un chat.

JUPITER

Comme cela ?

MERCURE

Les battements trop espacés maintenant. C'est
le rythme des poissons... Là... là... Voilà ce galop
moyen, cet amble, auquel Amphitryon recon-
naît ses chevaux et Alcmène le cœur de son
mari...

JUPITER

Tes dernières recommandations ?

MERCURE

Et votre cerveau ?

JUPITER

Mon cerveau ?

MERCURE

Oui, votre cerveau... Il convient d'y remplacer
d'urgence les notions divines par les humaines...
Que pensez-vous ? Que croyez-vous ? Quelles sont
vos vues de l'univers, maintenant que vous êtes
homme ?

JUPITER

Mes vues de l'univers ? Je crois que cette terre

plate est toute plate, que l'eau est simplement de l'eau, que l'air est simplement de l'air, la nature la nature, et l'esprit l'esprit... C'est tout ?

MERCURE

Avez-vous le désir de séparer vos cheveux par une raie et de les maintenir par un fixatif ?

JUPITER

En effet, je l'ai.

MERCURE

Avez-vous l'idée que vous seul existez, que vous n'êtes sûr que de votre propre existence ?

JUPITER

Oui. C'est même très curieux d'être ainsi emprisonné en soi-même.

MERCURE

Avez-vous l'idée que vous pourrez mourir un jour ?

JUPITER

Non. Que mes amis mourront, pauvres amis, hélas oui ! Mais pas moi.

MERCURE

Avez-vous oublié toutes celles que vous avez déjà aimées ?

JUPITER

Moi ? Aimer ? Je n'ai jamais aimé personne ! Je n'ai jamais aimé qu'Alcmène.

MERCURE

Très bien ! Et le ciel, qu'en pensez-vous ?

JUPITER

Ce ciel, je pense qu'il est à moi, et beaucoup plus depuis que je suis mortel que lorsque j'étais Jupiter ! Et ce système solaire, je pense qu'il est bien petit, et la terre immense, et je me sens soudain plus beau qu'Apollon, plus brave et plus capable d'exploits amoureux que Mars, et pour la première fois, je me crois, je me vois, je me sens vraiment maître des dieux.

MERCURE

Alors vous voilà vraiment homme !... Allez-y !

Mercure disparaît.

SCÈNE SIXIÈME

**ALCMENE à son balcon,
JUPITER en Amphitryon**

ALCMÈNE, bien réveillée.

Qui frappe là ? Qui me dérange, dans mon sommeil ?

JUPITER

Un inconnu que vous aurez plaisir à voir.

ALCMÈNE

Je ne connais pas d'inconnus.

JUPITER

Un général.

ALCMÈNE

Que font les généraux à errer si tard sur les routes ? Ils sont déserteurs ? Ils sont vaincus ?

JUPITER

Ils sont vaincus par l'amour.

ALCMÈNE

Voilà ce qu'ils risquent en s'attaquant à d'autres qu'à des généraux ! Qui êtes-vous ?

JUPITER

Je suis ton amant.

ALCMÈNE

C'est à Alcmène que vous parlez, non à sa chambrière. Je n'ai pas d'amant... Pourquoi ce rire ?

JUPITER

Tu n'as pas tout à l'heure ouvert avec angoisse la fenêtre, et regardé dans la nuit ?

ALCMÈNE

Je regardais la nuit, justement. Je peux te dire comment elle est : douce et belle.

JUPITER

Tu n'as pas, il y a peu de temps, d'un vase d'or, versé de l'eau glacée sur un guerrier étendu.

ALCMÈNE

Ah! elle était glacée!... Tant mieux... C'est bien possible...

JUPITER

Tu n'as pas, devant le portrait d'un homme, murmuré : Ah! si je pouvais, tant qu'il sera absent, perdre la mémoire !

ALCMÈNE

Je ne m'en souviens pas. Peut-être...

JUPITER

Tu ne sens pas, sous ces jeunes étoiles, ton corps s'épanouir et ton cœur se serrer, en pensant à un homme, qui est peut-être d'ailleurs, je l'avoue, très stupide et très laid ?

ALCMÈNE

Il est très beau, et trop spirituel. Et, en effet, j'ai du miel dans la bouche quand je parle de lui. Et je me souviens du vase d'or. Et c'était lui que je voyais dans les ténèbres. Et qu'est-ce que cela prouve ?

JUPITER

Que tu as un amant. Et il est là.

ALCMÈNE

J'ai un époux, et il est absent. Et personne ne pénétrera dans ma chambre que mon époux. Et lui-même, s'il déguise ce nom, je ne le reçois pas.

JUPITER

Jusqu'au ciel se déguise, à l'heure où nous sommes.

ALCMÈNE

Homme peu perspicace, si tu crois que la nuit est le jour masqué, la lune un faux soleil, si tu crois que l'amour d'une épouse peut se déguiser en amour du plaisir.

JUPITER

L'amour d'une épouse ressemble au devoir. Le devoir à la contrainte. La contrainte tue le désir.

ALCMÈNE

Tu dis? Quel nom as-tu prononcé là?

JUPITER

Celui d'un demi-dieu, celui du désir.

ALCMÈNE

Nous n'aimons ici que les dieux complets. Nous laissons les demi-dieux aux demi-jeunes filles et aux demi-épouses.

JUPITER

Te voilà impie, maintenant?

ALCMÈNE

Je le suis parfois plus encore, car je me réjouis qu'il n'y ait pas dans l'Olympe un dieu de l'amour conjugal. Je me réjouis d'être une créature que les dieux n'ont pas prévue... Au-dessus de cette joie, je ne sens pas un dieu qui plane, mais un ciel libre. Si donc tu es un amant, j'en suis désolée, mais va-t'en... Tu as l'air beau et bien fait pourtant, ta voix est douce. Que j'aimerais cette voix si c'était l'appel de la fidélité et non celui du désir ! Que j'aimerais m'étendre en ces bras, s'ils n'étaient pas un piège qui se refermera brutalement sur une proie ! Ta bouche aussi me semble fraîche et ardente. Mais elle ne me convaincra pas. Je n'ouvrirai pas ma porte à un amant. Qui es-tu ?

JUPITER

Pourquoi ne veux-tu pas d'amant ?

ALCMÈNE

,Parce que l'amant est toujours plus près de l'amour que de l'aimée. Parce que je ne supporte ma joie que sans limites, mon plaisir que sans réticence, mon abandon que sans bornes. Parce que je ne veux pas d'esclave et que je ne veux pas de maître. Parce qu'il est mal élevé de tromper son mari, fût-ce avec lui-même. Parce que j'aime les fenêtres ouvertes et les draps frais.

JUPITER

Pour une femme, tu sais vraiment les raisons de tes goûts. Je te félicite ! Ouvre-moi !

ALCMÈNE

Si tu n'es pas celui près de qui je m'éveille le matin et que je laisse dormir dix minutes encore, d'un sommeil pris sur la frange de ma journée, et dont mes regards purifient le visage avant le soleil et l'eau pure; si tu n'es pas celui dont je reconnais à la longueur et au son de ses pas s'il se rase ou s'habille, s'il pense ou s'il a la tête vide, celui avec lequel je déjeune, je dîne et je soupe, celui dont le souffle, quoi que je fasse, précède toujours mon souffle d'un millième de seconde; si tu n'es pas celui que je laisse chaque soir s'endormir dix minutes avant moi, d'un sommeil volé au plus vif de ma vie, afin qu'au moment même où il pénètre dans les rêves je sente son corps bien chaud et vivant, qui que tu sois, je ne t'ouvrirai point! Qui es-tu?

JUPITER

Il faut bien me résigner à le dire. Je suis ton époux.

ALCMÈNE

Comment, c'est toi, Amphitryon! Et tu n'as pas réfléchi, en revenant ainsi, combien ta conduite était imprudente?

JUPITER

Personne au camp ne la soupçonne.

ALCMÈNE

Il s'agit bien du camp! Ne sais-tu pas à quoi un mari s'expose quand il apparaît à l'improviste, après avoir annoncé son voyage?

JUPITER

Ne plaisante pas.

ALCMÈNE

Ne sais-tu pas que c'est l'heure où les bonnes

épouses reçoivent dans leurs bras moites leur petit
ami, pantelant de gloire et de peur ?

JUPITER
Tes bras sont vides, et plus frais que la lune.

ALCMÈNE
Je lui ai donné le temps de fuir, par notre bavardage. Il est présentement sur la route de
Thèbes, maugréant et jurant, car il a pris sa tunique déroulée dans ses jambes nues.

JUPITER
Ouvre à ton époux...

ALCMÈNE
Alors tu penses entrer ainsi, parce que tu es
mon époux ? As-tu des cadeaux ? As-tu des bijoux ?

JUPITER
Tu te vendrais, pour des bijoux ?

ALCMÈNE
A mon mari ? Avec délices ! Mais tu n'en as
pas.

JUPITER
Je vois qu'il faut que je reparte.

ALCMÈNE
Reste ! Reste !... A une condition pourtant, Amphitryon, une condition expresse.

JUPITER

Et que veux-tu ?

ALCMÈNE

Que nous prononcions, devant la nuit, les serments que nous n'avons jamais faits que de jour. Depuis longtemps j'attendais cette occasion. Je ne veux pas que ce beau mobilier des ténèbres, astres, brise, noctuelles, s'imagine que je reçois ce soir un amant. Célébrons notre mariage nocturne, à l'heure où se consomment tant de fausses noces... Commence...

JUPITER

Prononcer des serments sans prêtres, sans autels, sur le vide de la nuit, à quoi bon !

ALCMÈNE

C'est sur les vitres qu'on grave les mots ineffaçables. Lève le bras.

JUPITER

Si tu savais comme les humains paraissent pitoyables aux dieux, Alcmène, à déclamer leurs serments et brandir ces foudres sans tonnerre !

ALCMÈNE

S'ils font de beaux éclairs de chaleur, c'est tout ce qu'ils demandent. Lève la main, et l'index plié.

JUPITER

Avec l'index plié ! Mais c'est le serment le plus

terrible, et celui par lequel Jupiter évoque les fléaux de la terre.

ALCMÈNE

Plie ton index, ou pars.

JUPITER

Il faut donc que je t'obéisse. (*Il lève le bras*). Contenez-vous, poix célestes ! Sauterelles et cancers, au temps ! C'est cette enragée de petite Alcmène qui me contraint à ce geste.

ALCMÈNE

Je t'écoute.

JUPITER

Moi, Amphitryon, fils et petit-fils des généraux passés, père et aïeul des généraux futurs, agrafe indispensable dans la ceinture de la guerre et de la gloire !

ALCMÈNE

Moi, Alcmène, dont les parents sont disparus, dont les enfants ne sont pas nés, pauvre maillon présentement isolé de la chaîne humaine !

JUPITER

Je jure de faire en sorte que la douceur du nom d'Alcmène survive aussi longtemps que le fracas du mien !

ALCMÈNE

Je jure d'être fidèle à Amphitryon, mon mari, ou de mourir !

JUPITER

De quoi ?

ALCMÈNE

De mourir.

JUPITER

Pourquoi appeler la mort où elle n'a que faire !
Je t'en supplie. Ne dis pas ce mot. Il a tant de
synonymes, même heureux. Ne dis pas mourir !

ALCMÈNE

C'est dit. Et maintenant, cher mari, trêve de
paroles. La cérémonie est finie et je t'autorise à
monter... Que tu as été peu simple, ce soir ! Je
t'attendais, la porte était ouverte. Tu avais juste
à la pousser... Qu'as-tu, tu hésites ? Tu veux peut-
être que je t'appelle amant ? Jamais, te dis-je !

JUPITER

Il faut vraiment que j'entre, Alcmène ? Vraiment, tu le désires ?

ALCMÈNE

Je l'ordonne, cher amour !

RIDEAU.

ACTE DEUXIÈME

*Obscurité complète. Mercure, seul, rayonnant
à demi étendu sur le devant de la scène.*

MERCURE

Ainsi posté devant la chambre d'Alcmène, j'ai
perçu un doux silence, une douce résistance, une
douce lutte; Alcmène porte en soi maintenant
le jeune demi-dieu. Mais auprès d'aucune autre
maîtresse Jupiter ne s'est ainsi attardé... Je ne
sais si cette ombre vous paraît lourde, pour moi
la mission de prolonger la nuit en ces lieux commence à me peser, si je pense surtout que le
monde entier baigne déjà dans la lumière... Nous
sommes au cœur de l'été, et il est sept heures du
matin. La grande inondation du jour s'étale, pro-
fonde de milliers de lieues, jusque sur la mer,
et seul entre les cubes submergés de rose, le palais reste un cône noir... Il est vraiment l'heure
de réveiller mon maître, car il déteste être pressé
dans son départ, et sûrement il tiendra, comme
avec toutes ses amies, dans les propos de saut de

lit, à révéler à Alcmène qu'il est Jupiter, pour jouir de sa surprise, et de sa fierté. J'ai d'ailleurs suggéré à Amphitryon de venir surprendre sa femme à l'aurore, de façon qu'il soit le premier témoin et le garant de l'aventure. C'est une prévenance qu'on lui doit et j'éviterai ainsi toute équivoque. A cette heure notre général se met secrètement en route, au galop de son cheval, et il sera avant une heure au palais. Montre-moi donc tes rayons, soleil, que je choisisse celui qui embrasera ces ténèbres... (*Le soleil échantillonne un à un ses rayons*). Pas celui-là ! Rien de sinistre comme la lumière verte sur les amants qui s'éveillent. Chacun croit tenir un noyé en ses bras. Pas celui-là ! Le violet et le pourpre sont les couleurs qui irritent les sens. Gardons-les pour ce soir. Voilà, voilà le bon, le safran ! Rien ne relève comme lui la fadeur de la peau humaine... Vas-y, soleil !

> La chambre d'Alcmène apparaît dans une lumière de plein soleil.

SCÈNE DEUXIÈME

Alcmène déjà debout. Jupiter étendu sur la couche et dormant.

ALCMÈNE

Lève-toi, chéri. Le soleil est haut.

JUPITER

Où suis-je ?

ALCMÈNE

Où ne se croient jamais les maris au réveil : simplement dans ta maison, dans ton lit, et près de ta femme.

JUPITER

Le nom de cette femme ?

ALCMÈNE

Son nom du jour est le même que son nom de la nuit, toujours Alcmène.

JUPITER

Alcmène, la grande femme blonde, grasse à point, qui se tait dans l'amour ?

ALCMÈNE

Oui, et qui bavarde dès l'aube, et qui va maintenant te mettre à la porte, tout mari que tu es.

JUPITER

Qu'elle se taise, et revienne dans mes bras !

ALCMÈNE

N'y compte pas. Les femmes grasses à point ressemblent cependant aux rêves, on ne les étreint que la nuit.

JUPITER

Ferme les yeux et profitons de ces ténèbres.

ALCMÈNE

Non, non, ma nuit n'est pas la nuit. Lève-toi,
ou j'appelle.

> Jupiter se redresse, contemple le paysage qui
> étincelle devant les fenêtres.

JUPITER

Quelle nuit divine !

ALCMÈNE

Tu es faible, ce matin, dans tes épithètes,
chéri.

JUPITER

Je dis divine !

ALCMÈNE

Que tu dises un repas divin, une pièce de bœuf
divine, soit, tu n'es pas forcé d'avoir sans cesse
de l'invention. Mais, pour cette nuit, tu aurais
pu trouver mieux.

JUPITER

Qu'aurais-je pu trouver de mieux ?

ALCMÈNE

A peu près tous les adjectifs, à part ton mot
divin, vraiment hors d'usage. Le mot parfait, le
mot charmant. Le mot agréable surtout, qui dit
bien des choses de cet ordre : quelle nuit
agréable !

JUPITER

Alors la plus agréable de toutes nos nuits, n'est-
ce pas, de beaucoup ?

ALCMÈNE

C'est à savoir.

JUPITER

Comment, c'est à savoir ?

ALCMÈNE

As-tu oublié, cher mari, notre nuit de noces, le faible fardeau que j'étais dans tes bras, et cette trouvaille que nous fîmes de nos deux cœurs au milieu des ténèbres qui nous enveloppaient pour la première fois ensemble dans leur ombre ? Voilà notre plus belle nuit.

JUPITER

Notre plus belle nuit, soit. Mais la plus agréable, c'est bien celle-ci.

ALCMÈNE

Crois-tu ? Et la nuit où un grand incendie se déclara dans Thèbes, d'où tu revins dans l'aurore, doré par elle, et tout chaud comme un pain. Voilà notre nuit la plus agréable et pas une autre !

JUPITER

Alors, la plus étonnante, si tu veux ?

ALCMÈNE

Pourquoi étonnante ? Oui, celle d'avant-hier, quand tu sauvas de la mer cet enfant que le courant déportait, et que tu revins, luisant de varech et de lune, tout salé par les dieux et me sauvant toute la nuit à bras le corps dans ton sommeil... Cela était assez étonnant !... Non, si je voulais donner un adjectif à cette nuit, mon chéri, je dirais qu'elle fut conjugale. Il y avait en elle une sécurité qui m'égayait. Jamais je n'avais été aussi certaine de te retrouver au matin bien rose, bien vivant, avide de ton petit déjeuner et il me manquait cette appréhension divine, que je ressens pourtant toutes les fois, de te voir à chaque minute mourir dans mes bras.

JUPITER

Je vois que les femmes aussi emploient le mot divine ?...

ALCMÈNE

Après le mot appréhension, toujours.

Un silence.

JUPITER

Quelle belle chambre !

ALCMÈNE

Tu l'apprécies surtout le matin où tu y es en fraude.

JUPITER

Comme les hommes sont habiles ! Par ce système de pierres transparentes et de fenêtres, ils arrivent, sur une planète relativement si peu éclairée, à voir plus clair dans leurs maisons qu'aucun être au monde.

ALCMÈNE

Tu n'es pas modeste, chéri. C'est toi qui l'as inventé.

JUPITER

Et quel beau paysage !

ALCMÈNE

Celui-là tu peux le louer, il n'est pas de toi.

JUPITER

Et de qui est-il ?

ALCMÈNE

Du maître des dieux.

JUPITER

On peut savoir son nom ?

ALCMÈNE

Jupiter.

JUPITER

Comme tu prononces bien les noms des dieux !
Qui t'a appris à les mâcher ainsi des lèvres comme
une nourriture divine ? On dirait une brebis qui
a cueilli le cytise et, la tête haute, le broute. Mais
c'est le cytise qui est parfumé par ta bouche.
Répète. On dit que les dieux ainsi appelés
répondent quelquefois par leur présence même.

ALCMÈNE

Neptune ! Apollon !

JUPITER

Non, le premier, répète !

ALCMÈNE

Laisse-moi brouter tout l'Olympe... D'ailleurs

j'aime surtout prononcer les noms des dieux par couples : Mars et Vénus. Jupiter et Junon... Alors je les vois défiler sur la crête des nuages, éternellement, se tenant par la main... Cela doit être superbe !

JUPITER

Et d'une gaieté... Alors tu trouves beau, cet ouvrage de Jupiter, ces falaises, ces rocs ?

ALCMÈNE

Très beau. Seulement l'a-t-il fait exprès ?

JUPITER

Tu dis !

ALCMÈNE

Toi tu fais tout exprès, chéri, soit que tu entes tes cerisiers sur tes prunes, soit que tu imagines un sabre à deux tranchants. Mais crois-tu que Jupiter ait su vraiment, le jour de la création, ce qu'il allait faire ?

JUPITER

On l'assure.

ALCMÈNE

Il a créé la terre. Mais la beauté de la terre se crée elle-même, à chaque minute. Ce qu'il y a de prodigieux en elle, c'est qu'elle est éphémère : Jupiter est trop sérieux pour avoir voulu créer de l'éphémère.

JUPITER

Peut-être te représentes-tu mal la création.

ALCMÈNE

Aussi mal, sans doute, que la fin du monde.
Je suis à égale distance de l'une et de l'autre et
je n'ai pas plus de mémoire que de prévision. Tu
te la représentes, toi, chéri ?

JUPITER

Je la vois... Au début, régnait le chaos... L'idée
vraiment géniale de Jupiter, c'est d'avoir pensé à
le dissocier en quatre éléments.

ALCMÈNE

Nous n'avons que quatre éléments ?

JUPITER

Quatre, et le premier est l'eau, et ce ne fut pas
le plus simple à créer, je te prie de le croire !
Cela semble naturel, à première vue, l'eau. Mais
imaginer de créer l'eau, avoir l'idée de l'eau, c'est
autre chose !

ALCMÈNE

Que pleuraient les déesses, à cette époque, du
bronze ?

JUPITER

Ne m'interromps pas. Je tiens à bien te montrer
ce qu'était Jupiter. Il peut t'apparaître tout d'un
coup. Tu n'aimerais pas qu'il t'expliquât cela
lui-même, dans sa grandeur ?

ALCMÈNE

Il a dû l'expliquer trop souvent. Tu y mettras
plus de fantaisie.

JUPITER

Où en étais-je ?

ALCMÈNE

Nous avions presque fini, au chaos originel...

JUPITER

Ah oui ! Jupiter eut soudain l'idée d'une force élastique et incompressible, qui comblerait les vides, et amortirait tous les chocs d'une atmosphère encore mal réglée.

ALCMÈNE

L'idée de l'écume, elle est de lui ?

JUPITER

Non, mais l'eau une fois née, il lui vint à l'esprit de la border par des rives, irrégulières, pour briser les tempêtes, et de semer sur elle, afin que l'œil des dieux ne fût pas toujours agacé par un horizon miroitant, des continents, solubles ou rocailleux. La terre était créée, et ses merveilles...

ALCMÈNE

Et les pins ?

JUPITER

Les pins ?

ALCMÈNE

Les pins parasols, les pins cèdres, les pins cyprès, toutes ces masses vertes ou bleues sans lesquelles un paysage n'existe pas... et l'écho ?

JUPITER

L'écho ?

ALCMÈNE

Tu réponds comme lui. Et les couleurs, c'est lui qui a créé les couleurs ?

JUPITER

Les sept couleurs de l'arc-en-ciel, c'est lui.

ALCMÈNE

Je parle du mordoré, du pourpre, du vert lézard, mes préférées.

JUPITER

Il a laissé ce soin aux teinturiers. Mais, recourant aux vibrations diverses de l'éther, il a fait que par les chocs de doubles chocs molléculaires, ainsi que par les contre-réfractions des réfractions originelles, se tendissent à travers l'univers mille réseaux différents de son ou de couleur, perceptibles ou non (après tout il s'en moque !) aux organes humains.

ALCMÈNE

C'est exactement ce que je disais.

JUPITER

Que disais-tu ?

ALCMÈNE

Qu'il n'a rien fait ! Que nous plonger dans un terrible assemblage de stupeurs et d'illusions, où nous devons nous tirer seuls d'affaires, moi et mon cher mari.

JUPITER

Tu es impie, Alcmène, sache que les dieux t'entendent !

ALCMÈNE

L'acoustique n'est pas la même pour les dieux que pour nous. Le bruit de mon cœur couvre sûrement pour des êtres suprêmes celui de mon bavardage, puisque c'est celui d'un cœur simple et droit. D'ailleurs pourquoi m'en voudraient-ils ? Je n'ai pas à nourrir de reconnaissance spéciale à Jupiter sous le prétexte qu'il a créé quatre éléments au lieu des vingt qu'il nous faudrait, puisque de toute éternité c'était son rôle, tandis que mon cœur peut déborder de gratitude envers Amphitryon, mon cher mari, qui a trouvé le moyen, entre ses batailles, de créer un système de poulies pour fenêtres et d'inventer une nouvelle greffe pour les vergers. Tu as modifié pour moi le goût d'une cerise, le calibre d'un rayon : c'est toi mon créateur. Qu'as-tu à me regarder, de cet œil ? Les compliments te déçoivent toujours. Tu n'es orgueilleux que pour moi. Tu me trouves trop terrestre, dis ?

JUPITER, se levant, très solennel.

Tu n'aimerais pas l'être moins ?

ALCMÈNE

Cela m'éloignerait de toi.

JUPITER

Tu n'as jamais désiré être déesse, ou presque déesse ?

ALCMÈNE

Certes non. Pourquoi faire ?

JUPITER

Pour être honorée et révérée de tous.

ALCMÈNE

Je le suis comme simple femme, c'est plus méritoire.

JUPITER

Pour être d'une chair plus légère, pour marcher sur les airs, sur les eaux.

ALCMÈNE

C'est ce que fait toute épouse, alourdie d'un bon mari.

JUPITER

Pour comprendre les raisons des choses, des autres mondes.

ALCMÈNE

Les voisins ne m'ont jamais intéressée.

JUPITER

Alors, pour être immortelle !

ALCMÈNE

Immortelle ? A quoi bon ? A quoi cela sert-il ?

JUPITER

Comment, à quoi ! Mais à ne pas mourir !

ALCMÈNE

Et que ferai-je, si je ne meurs pas ?

JUPITER

Tu vivras éternellement, chère Alcmène, chan-
gée en astre; tu scintilleras dans la nuit jusqu'à
la fin du monde.

ALCMÈNE

Qui aura lieu ?

JUPITER

Jamais.

ALCMÈNE

Charmante soirée ! Et toi, que feras-tu ?

JUPITER

Ombre sans voix, fondue dans les brumes de
l'enfer, je me réjouirai de penser que mon épouse
flamboie là-haut, dans l'air sec.

ALCMÈNE

Tu préfères d'habitude les plaisirs mieux par-
tagés... Non, chéri, que les dieux ne comptent
pas sur moi pour cet office... L'air de la nuit ne
vaut d'ailleurs rien à mon teint de blonde... Ce
que je serais crevassée, au fond de l'éternité !

JUPITER

Mais que tu seras froide et vaine, au fond de
la mort !

ALCMÈNE

Je ne crains pas la mort. C'est l'enjeu de la
vie. Puisque ton Jupiter, à tort ou à raison, a
créé la mort sur la terre, je me solidarise avec

mon astre. Je sens trop mes fibres continuer celles des autres hommes, des animaux, même des plantes, pour ne pas suivre leur sort. Ne me parle pas de ne pas mourir tant qu'il n'y aura pas un légume immortel. Devenir immortel, c'est trahir, pour un humain. D'ailleurs, si je pense au grand repos que donnera la mort à toutes nos petites fatigues, à nos ennuis de second ordre, je lui suis reconnaissante de sa plénitude, de son abondance même... S'être impatienté soixante ans pour des vêtements mal teints, des repas mal réussis, et avoir enfin la mort, la constante, l'étale mort, c'est une récompense hors de toute proportion... Pourquoi me regardes-tu soudain de cet air respectueux ?

JUPITER

C'est que tu es le premier être vraiment humain que je rencontre...

ALCMÈNE

C'est ma spécialité, parmi les hommes; tu ne crois pas si bien dire. De tous ceux que je connais, je suis en effet celle qui approuve et aime le mieux son destin. Il n'est pas une péripétie de la vie humaine que je n'admette, de la naissance à la mort, j'y comprends même les repas de famille. J'ai des sens mesurés, et qui ne s'égarent pas. Je suis sûre que je suis la seule humaine qui voie à leur vraie taille les fruits, les araignées, et goûte les joies à leur vrai goût. Et il en est de même de mon intelligence. Je ne sens pas en elle cette part de jeu ou d'erreur, qui provoque, sous

l'effet du vin, de l'amour, ou d'un beau voyage,
le désir de l'éternité.

JUPITER

Mais tu n'aimerais pas avoir un fils moins
humain que toi, un fils immortel ?

ALCMÈNE

Il est humain de désirer un fils immortel.

JUPITER

Un fils qui deviendrait le plus grand des héros,
qui, dès sa petite enfance, s'attaquerait à des
lions, à des monstres ?

ALCMÈNE

Dès sa petite enfance ! Il aura dans sa petite
enfance une tortue et un barbet.

JUPITER

Qui tuerait des serpents énormes, venus pour
l'étrangler dans son berceau ?

ALCMÈNE

Il ne serait jamais seul. Ces aventures n'arrivent
qu'aux fils des femmes de ménage... Non, je le
veux faible, gémissant doucement, et qui ait peur
des mouches... Qu'as-tu, à t'agiter ainsi ?

JUPITER

Parlons sérieusement, Alcmène. Est-il vrai que
tu préférerais te tuer, plutôt que d'être infidèle à
ton mari ?

ALCMÈNE

Tu n'es pas gentil d'en douter !

JUPITER

C'est très dangereux de se tuer !

ALCMÈNE

Pas pour moi, et je t'assure, mari chéri, qu'il n'y aura rien de tragique dans ma mort. Qui sait ? Elle aura peut-être lieu ce soir, en ce lieu même, si tout à l'heure le dieu de la guerre t'atteint, ou pour toute autre raison; mais je veillerai à ce que les spectateurs emportent de son spectacle, au lieu d'un cauchemar, une sérénité. Il y a sûrement une façon, pour les cadavres, de sourire ou de croiser les mains qui arrange tout.

JUPITER

Mais tu pourrais entraîner dans la mort un fils conçu de la veille, à demi-vivant !

ALCMÈNE

Ce ne serait pour lui qu'une demi-mort. Il y gagnerait sur son lot futur.

JUPITER

Et tu parles de tout cela si simplement, si posément, sans y avoir réfléchi ?

ALCMÈNE

Sans y avoir réfléchi ? On se demande parfois à quoi pensent ces jeunes femmes toujours riantes, gaies, et grasses à point, comme tu l'assures. Au

moyen de mourir sans histoire et sans drame, si
leur amour est humilié ou déçu...

JUPITER, il se lève majestueusement.

Ecoutez bien, chère Alcmène. Vous êtes pieuse
et je vois que vous pouvez comprendre les mystères
du monde. Il faut que je vous parle...

ALCMÈNE

Non, non, Amphitryon chéri ! Voilà que tu me
dis vous. Je sais trop à quoi mène ce vous solennel. C'est ta façon d'être tendre. Elle m'intimide.
Tâche plutôt, la fois prochaine, de trouver un
tutoiement à l'intérieur du tutoiement lui-même.

JUPITER

Ne plaisantez pas. J'ai à vous parler des dieux.

ALCMÈNE

Des dieux !

JUPITER

Il est temps que je vous rende clairs leurs rap-
ports avec les hommes, les hypothèques impres-
criptibles qu'ils ont sur les habitants de la terre
et leurs épouses.

ALCMÈNE

Tu deviens fou ! Tu vas parler des dieux au
seul moment du jour où les humains, ivres de
soleil, lancés vers le labour ou la pêche, ne sont
plus qu'à l'humanité. D'ailleurs l'armée t'attend.
Il te reste juste quelques heures si tu veux tuer
des ennemis à jeun. Pars, chéri, pour me retrou-

ver plus vite; et d'ailleurs la maison m'appelle,
mon mari. J'ai ma visite d'intendante à faire... Si
vous restez, cher Monsieur, j'aurai à vous parler
aussi de façon solennelle, non des dieux, mais
de mes bonnes. Je crois bien qu'il va falloir nous
séparer de Nenetza. Outre sa manie de ne net-
toyer dans les mosaïques que les carreaux de couleur noire, elle a cédé, comme vous le dites, aux
dieux, et elle est enceinte.

JUPITER

Alcmène! chère Alcmène! Les dieux apparaissent à l'heure précise où nous les attendons le
moins.

ALCMÈNE

Amphitryon, cher mari! Les femmes dispa-
raissent à la seconde où nous croyons les tenir!

JUPITER

Leur colère est terrible. Ils n'acceptent ni les
ordres ni la moquerie!

ALCMÈNE

Mais toi tu acceptes tout, chéri, et c'est pour
cela que je t'aime... Même un baiser de loin, à
la main!... A ce soir... Adieu...

Elle sort. Mercure entre.

SCÈNE TROISIÈME

JUPITER, MERCURE

MERCURE

Que se passe-t-il, Jupiter ? Je m'attendais à vous
voir sortir de cette chambre dans votre gloire,
comme des autres chambres, et c'est Alcmène qui
s'évade, vous sermonnant, et nullement troublée ?

JUPITER

On ne saurait prétendre qu'elle le soit.

MERCURE

Que veut dire ce pli vertical entre vos yeux ?
C'est un stigmate de tonnerre ? C'est l'annonce
d'une menace que vous nourrissez contre l'humanité ?

JUPITER

Ce pli ?... C'est une ride.

MERCURE

Jupiter ne peut avoir de rides; celle-là vous
reste du corps d'Amphitryon.

JUPITER

Non, non, cette ride m'appartient et je sais
maintenant d'où les hommes les tirent, ces rides

qui nous intriguaient tous, de l'innocence et du plaisir.

MERCURE

Mais vous semblez las, Jupiter, vous êtes voûté.

JUPITER

Cela est lourd à porter, une ride !

MERCURE

Eprouveriez-vous enfin ce célèbre délabrement que donne aux hommes l'amour ?

JUPITER

Je crois que j'éprouve l'amour.

MERCURE

Vous êtes connu pour l'éprouver souvent !

JUPITER

Pour la première fois, j'ai tenu dans mes bras une créature humaine sans la voir, et d'ailleurs sans l'entendre... Aussi, je l'ai comprise.

MERCURE

Que pensiez-vous ?

JUPITER

Que j'étais Amphitryon. C'est Alcmène qui avait remporté sur moi la victoire. Du coucher au réveil, je n'ai pu être avec elle un autre que son mari. Tout à l'heure, j'ai eu l'occasion de lui expliquer la création. Je n'ai trouvé qu'un lan- gage de pédagogue, alors que devant toi tout mon langage divin afflue. Veux-tu que je te l'explique, tiens, la création ?

MERCURE

Que vous la refassiez, à la rigueur, j'accepte. Mais je n'irai pas jusque-là.

JUPITER

Mercure, l'humanité n'est pas ce que pensent les dieux ! Nous croyons que les hommes sont une dérision de notre nature. Le spectacle de leur orgueil est si réjouissant, que nous leur avons fait croire qu'un conflit sévit entre les dieux et eux-mêmes. Nous avons pris une énorme peine à leur imposer l'usage du feu, pour qu'ils croient nous l'avoir volé; à dessiner sur leur ingrate matière cérébrale des volutes compliquées pour qu'ils inventent le tissage, la roue dentée, l'huile d'olive, et s'imaginent avoir conquis sur nous ces otages... Or, ce conflit existe, et j'en suis aujourd'hui la victime.

MERCURE

Vous vous exagérez le pouvoir d'Alcmène.

JUPITER

Je n'exagère pas. Alcmène, la tendre Alcmène, possède une nature plus irréductible à nos lois que le roc. C'est elle le vrai Prométhée.

MERCURE

Elle manque simplement d'imagination. C'est l'imagination qui illumine pour notre jeu le cerveau des hommes.

JUPITER

Alcmène n'illumine pas. Elle n'est sensible ni
à l'éclat, ni à l'apparence. Elle n'a pas d'imagination, et peut-être pas beaucoup plus d'intelligence. Mais il y a justement en elle quelque
chose d'inattaquable et de borné qui doit être
l'infini humain. Sa vie est un prisme où le patri-
moine commun aux dieux et aux hommes, courage, amour, passion, se mue en qualités propre-
ment humaines, constance, douceur, dévouement,
sur lesquelles meurt notre pouvoir. Elle est la
seule femme que je supporterais habillée, voilée;
dont l'absence égale exactement la présence; dont
les occupations me paraissent aussi attirantes que
les plaisirs. Déjeuner en face d'elle, je parle même
du petit déjeuner, lui tendre le sel, le miel, les
épices, dont son sang et sa chaleur s'alimentent,
heurter sa main! fût-ce de sa cuiller ou de son
assiette, voilà à quoi je pense maintenant! Je
l'aime, en un mot, et je peux bien te le dire,
Mercure, son fils sera mon fils préféré.

MERCURE

C'est ce que l'univers sait déjà.

JUPITER

L'univers! Je pense que personne ne sait rien
encore de cette aventure?

MERCURE

Tout ce qui dans ce monde est doté d'oreilles
sait que Jupiter honore aujourd'hui de sa visite
Alcmène. Tout ce qui possède une langue s'occupe

à le répéter. J'ai tout annoncé au lever du soleil.

JUPITER
Tu m'as trahi ! Pauvre Alcmène !

MERCURE
J'ai agi comme pour vos autres maîtresses, et ce serait le premier de vos amours qui resterait un secret. Vous n'avez pas le droit de dissimuler aucune de vos générosités amoureuses.

JUPITER
Qu'as-tu annoncé ? Que j'avais pris hier soir la forme d'Amphitryon ?

MERCURE
Certes non. Cette ruse peu divine pourrait être mal interprétée. Comme votre désir de passer une seconde nuit dans les bras d'Alcmène éclatait à travers toutes les murailles, j'ai annoncé qu'elle recevrait ce soir la visite de Jupiter.

JUPITER
Et à qui l'as-tu annoncé ?

MERCURE
Aux airs, d'abord, aux eaux, comme je le dois. Ecoutez : les ondes sèches ou humides ne parlent que de cela dans leur langage.

JUPITER
C'est tout ?

MERCURE
Et à une vieille femme qui passait au pied du palais.

JUPITER

La concierge sourde ? Nous sommes perdus !

MERCURE

Pourquoi ces mots humains, Jupiter ? Vous parlez comme un amant. Alcmène a-t-elle exigé le silence jusqu'à la minute où vous la raviriez à cette terre ?

JUPITER

C'est là mon malheur ! Alcmène ne sait rien. Cent fois au cours de cette nuit j'ai cherché à lui faire entendre qui j'étais. Cent fois elle a changé, par une phrase humble ou charmante, la vérité divine en vérité humaine.

MERCURE

Elle n'a pas eu de soupçons ?

JUPITER

A aucun moment, et je ne supporte pas l'idée qu'elle puisse en avoir... Quels sont ces bruits ?

MERCURE

La femme sourde a rempli son office. C'est Thèbes qui se prépare à fêter votre union avec Alcmène... Une procession s'organise, et semble monter au palais...

JUPITER

Qu'elle n'y parvienne point ! Détourne-la vers la mer, qui l'engloutira.

MERCURE

Impossible, ce sont vos prêtres.

JUPITER

Ils n'auront jamais assez de raisons de croire en moi.

MERCURE

Vous ne pouvez rien contre les lois que vous-même avez prescrites. Tout l'univers sait que Jupiter fera aujourd'hui un fils à Alcmène. Il n'est pas mauvais qu'Alcmène en soit elle aussi informée.

JUPITER

Alcmène ne supportera pas cela.

MERCURE

Qu'Alcmène en souffre donc ! La cause en vaut la peine.

JUPITER

Elle ne souffrira pas. Je n'ai aucun doute à ce sujet, elle se tuera. Et mon fils Hercule mourra du même coup... Et je serai obligé à nouveau, comme pour toi, de m'ouvrir la cuisse ou le gras du mollet pour y abriter quelques mois un fœtus. Merci bien ! La procession monte ?

MERCURE

Lentement, mais sûrement.

JUPITER

Pour la première fois, Mercure, j'ai l'impression qu'un honnête dieu peut être un malhonnête homme... Quels sont ces chants ?

MERCURE

Ce sont les vierges transportées par la nouvelle,
qui viennent en théorie féliciter Alcmène.

JUPITER

Tu ne crois vraiment pas nécessaire d'engloutir
ces prêtres, de frapper ces vierges d'insolation ma-
tinale ?

MERCURE

Mais enfin que désirez-vous ?

JUPITER

Ce que désire un homme, hélas ! Mille désirs
contraires. Qu'Alcmène reste fidèle à son mari et
qu'elle se donne à moi avec ravissement. Qu'elle
soit chaste sous mes caresses et que des désirs
interdits la brûlent à ma seule vue... Qu'elle
ignore toute cette intrigue, et qu'elle l'approuve
entièrement.

MERCURE

Je m'y perds... Moi, j'ai rempli ma tâche. L'univers sait, comme il était prescrit, que vous cou-
cherez ce soir dans le lit d'Alcmène... Puis-je faire
autre chose pour vous ?

JUPITER

Oui. Que j'y couche vraiment !

MERCURE

Et avec ce fameux consentement dont vous par-
liez hier, sans doute ?

JUPITER

Oui, Mercure. Il ne s'agit plus d'Hercule. L'affaire Hercule est close heureusement. Il s'agit de moi. Il faut que tu voies Alcmène, que tu la prépares à ma visite, que tu lui dépeignes mon amour... Apparais-lui... Par ton seul fluide de dieu secondaire, agite déjà à mon profit l'humanité dans son corps. Je te permets de l'approcher, de la toucher. Trouble d'abord ses nerfs, puis son sang, puis son orgueil. D'ailleurs je t'avertis, je ne quitte pas cette ville avant qu'elle ne se soit étendue de bon gré en mon honneur. Et je suis las de cette humiliante livrée ! Je viendrai en dieu.

MERCURE

A la bonne heure. Jupiter ! Si vous renoncez à votre incognito, je puis vous assurer que, d'ici quelques minutes, je l'aurai convaincue de vous attendre au coucher du soleil. La voilà justement. Laissez-moi.

ALCMÈNE

Oh ! Oh ! Chéri !

L'ECHO

Chéri !

JUPITER

Elle appelle ?

MERCURE

Elle parle d'Amphitryon à son écho. Et vous dites qu'elle n'est pas coquette ! Elle parle sans

cesse à cet écho. Elle a un miroir même pour ses
paroles. Venez, Jupiter, elle approche.

JUPITER

Salut, demeure chaste et pure, si chaste, si
pure !... Qu'as-tu à sourire ? Tu as déjà entendu
cette phrase ?

MERCURE

D'avance, oui. Je l'ai entendue d'avance. Les
siècles futurs me la crient. Partons, la voilà !

SCÈNE QUATRIÈME

*Alcmène et Ecclissé, la nourrice, entrent par les
côtés opposés.*

ALCMÈNE

Tu as l'air bien agité, Ecclissé.

ECCLISSÉ

J'apporte les verveines, maîtresse, ses fleurs préférées.

ALCMÈNE

Préférées de qui ? Je préfère les roses.

ECCLISSÉ

Vous oseriez orner cette chambre de roses, en
ce jour ?

ALCMÈNE

Pourquoi pas?

ECCLISSÉ

On m'a toujours dit que Jupiter déteste les
roses. Mais peut-être après tout avez-vous raison
de traiter les dieux comme de simples hommes.
Cela les dresse. Je prépare le grand voile rouge?

ALCMÈNE

Le grand voile? Certes non. Le voile de lin
simple.

ECCLISSÉ

Que vous êtes habile, maîtresse! Que vous avez
raison de donner au palais l'aspect de l'intimité
plutôt que l'éclat des fêtes. J'ai préparé les
gâteaux et versé l'ambre dans le bain.

ALCMÈNE

Tu as bien fait. C'est le parfum préféré de mon
mari.

ECCLISSÉ

Votre mari aussi, en effet, va être très fier et
très heureux.

ALCMÈNE

Que veux-tu dire, Ecclissé?

ECCLISSÉ

O maîtresse chérie, voilà votre nom célèbre pour
les siècles, et peut-être le mien aussi, puisque j'ai
été ta nourrice. Mon lait, voilà ton fard.

ALCMÈNE

Il est arrivé quelque bonheur à Amphitryon ?

ECCLISSÉ

Il va lui arriver ce qu'un prince peut rêver de
plus heureux pour sa gloire et son honneur.

ALCMÈNE

La victoire ?

ECCLISSÉ

Victoire, certes ! Et sur le plus grand des dieux !
Vous entendez ?

ALCMÈNE

Quelle est cette musique, et ces cris ?

ECCLISSÉ

Mais, chère maîtresse, c'est que Thèbes tout
entière sait la nouvelle. Tous se réjouissent, tous
se félicitent de savoir que, grâce à vous, notre ville
est favorisée entre toutes.

ALCMÈNE

Grâce à ton maître !

ECCLISSÉ

Certes lui aussi est à l'honneur !

ALCMÈNE

Lui seul !

ECCLISSÉ

Non, maîtresse, vous. Toute la Grèce retentit

déjà de votre gloire. La voix des coqs s'est haussée
d'un ton depuis ce matin, disent les prêtres. Léda,
la reine de Sparte, que Jupiter aima sous la forme
d'un cygne, et qui était de passage à Thèbes,
demande à vous rendre visite. Ses conseils
peuvent être utiles. Dois-je lui dire de monter ?

ALCMÈNE

Certes...

ECCLISSÉ

Ah ! maîtresse, il ne fallait pas te voir tous les
jours dans ton bain, comme moi, pour penser que
les dieux ne réclameraient pas un jour leur dû !

ALCMÈNE

Je ne te comprends pas. Amphitryon est dieu ?

ECCLISSÉ

Non, mais son fils sera demi-dieu. (*Acclamations,
musiques.*) Ce sont les vierges. Elles ont distancé
les prêtres dans la montée, à part ce chausson
d'Alexeia, naturellement, qu'ils retiennent. Ne
vous montrez pas, maîtresse, c'est plus digne... Je
leur parle ?... Si la princesse est là, mes petites ?
Oui, oui, elle est là ! (*Alcmène se promène, quelque
peu énervée.*) Elle est mollement étendue sur sa
couche. Ses regards distraits caressent une énorme
sphère d'or qui soudain pend du plafond. De la
main droite elle porte à son visage un bouquet
de verveine. De la gauche, elle donne à un aigle
géant, qui vient d'entrer par la fenêtre, des dia-
mants à becqueter.

ALCMÈNE

Cesse tes plaisanteries, Ecclissé. On peut fêter une
victoire sans mascarade.

ECCLISSÉ

Son costume, vous voulez savoir son costume ?
Non, elle n'est pas nue. Elle a une tunique de
linge inconnu, qu'on appelle la soie, soulignée
d'un rouge nouveau, appelé la garance. La ceinture ? Pourquoi n'aurait-elle pas de ceinture ?
Pourquoi ce rire, là-bas, oui, toi, Alexeia ? Que je
t'y reprenne ! Sa ceinture est de platine et de jais
vert. Si elle lui prépare un repas ?... Son parfum ?

ALCMÈNE

Tu as fini, Ecclissé ?

ECCLISSÉ

Elles voudraient savoir ton parfum. *(Geste mena-
çant d'Alcmène.)* C'est un secret, mes petites, mais
ce soir Thèbes en sera embaumée... Qu'elle ne
devienne pas une étoile qu'on ne voit que tous
les six mois ? Oui, je la mettrai en garde. Et
comment tout cela se sera passé ? Oui, je vous
le promets, vierges, je ne vous en cacherai rien.
Adieu... Voilà qu'elles s'en vont, Alcmène. Elles
montrent leur dos ravissant, et se retournent pour
sourire ! Ah ! comme un dos est éclairé par un
sourire ! Les charmantes filles !

ALCMÈNE

Je ne t'ai jamais vue aussi folle !

ECCLISSÉ

Oh, oui, maîtresse, folle et affolée ! Car sous
quelle forme va-t-il venir ? Par le ciel, par la
terre, par les eaux ? En dieu, en animal, ou en
humain ? Je n'ose plus chasser les oiseaux, il est
peut-être en ce moment un des leurs. Je n'ose
résister au chevreuil apprivoisé, qui m'a pour-
suivie et cornée. Il est là, le gentil animal, qui
piaffe et brame dans l'antichambre. Peut-être dois-
je lui ouvrir ? Mais qui sait, peut-être est-il au
contraire ce vent qui agite les rideaux ! J'aurais
dû mettre le rideau rouge ! Peut-être est-ce lui qui
effleure, en ce moment les épaules de ta vieille
nourrice. Je tremble, un courant m'agite. Ah ! je
suis dans le sillage d'un immortel ! O maîtresse,
c'est en ceci que Jupiter aujourd'hui a été le plus
habile : chacun de ses êtres et de ses mouvements
peut être pris pour un dieu ! Oh ! regarde, qui
entre là, par la fenêtre !

ALCMÈNE

Tu ne vois pas que c'est une abeille... Chasse-
la !

ECCLISSÉ

Certainement non ! C'est elle ! C'est lui, veux-je
dire, lui en elle, en un mot ! Ne bougez pas, maîtresse, je vous en supplie ! O salut, abeille divine !
Nous te devinons.

ALCMÈNE

Elle s'approche de moi, à l'aide !

ECCLISSÉ

Que tu es belle en te gardant ainsi ! Ah ! que Jupiter a raison de te faire danser ce pas de crainte et de jeu. Aucun ne révèle plus ta candeur et tes charmes... Sûrement elle va te piquer.

ALCMÈNE

Mais, je ne veux pas être piquée !

ECCLISSÉ

O piqûre bien-aimée ! Laisse-toi piquer, ô maîtresse ! Laisse-la se poser sur ta joue. Oh ! c'est lui sûrement, il cherche ta poitrine ! *(Alcmène abat et écrase l'abeille. Elle la pousse du pied.)* Ciel ! Qu'as-tu fait ? Quoi, pas de foudres, pas d'éclairs ! Infâme insecte, qui nous fait de ces peurs !

ALCMÈNE

Vas-tu m'expliquer ta conduite, Ecclissé ?

ECCLISSÉ

Tout d'abord, maîtresse, recevez-vous les députations qui montent pour vous féliciter ?

ALCMÈNE

Amphitryon les recevra avec moi demain.

ECCLISSÉ

Evidemment, c'est plus naturel... Je reviens, maîtresse. Je vais chercher Léda.

SCÈNE CINQUIÈME

ALCMENE, MERCURE

Alcmène fait quelques pas dans la chambre,
un peu inquiète. Quand elle se retourne,
elle voit Mercure en face d'elle.

MERCURE

Salut, princesse.

ALCMÈNE

Vous êtes un dieu, pour être venu ainsi, avec
cette audace à la fois et cette discrétion ?

MERCURE

Un dieu mal famé, mais un dieu.

ALCMÈNE

Mercure, si j'en juge d'après votre visage ?

MERCURE

Merci. C'est à mes pieds que les autres humains me reconnaissent, aux ailes de mes pieds.
Vous êtes plus habile ou plus apte à la flatterie.

ALCMÈNE

Je suis tout heureuse de voir un dieu.

MERCURE

Si vous voulez le toucher, je vous y autorise.

A vos mains, moi, je reconnais que vous avez
ce droit... (*Alcmène doucement caresse les bras nus
de Mercure, touche son visage.*) Je vois que les
dieux vous intéressent.

ALCMÈNE

Toute ma jeunesse s'est passée à les imaginer,
à leur faire signe. Enfin l'un d'eux est venu !...
Je caresse le ciel !... J'aime les dieux.

MERCURE

Tous ? Je suis compris dans cette affection ?

ALCMÈNE

La terre s'aime en détail, le ciel en bloc... Vous
d'ailleurs, Mercure, avez un si beau nom. On dit
aussi que vous êtes le dieu de l'éloquence... J'ai
vu cela tout de suite, dès votre apparition.

MERCURE

A mon silence ? Votre visage aussi est une belle
parole... Et vous n'avez pas un préféré parmi les
dieux ?

ALCMÈNE

Forcément, puisque j'ai un préféré parmi les
hommes...

MERCURE

Lequel ?

ALCMÈNE

Dois-je dire son nom ?

MERCURE

Voulez-vous que j'énumère les dieux, selon leur liste officielle, et vous m'arrêterez ?

ALCMÈNE

Je vous arrête. C'est le premier.

MERCURE

Jupiter ?

ALCMÈNE

Jupiter.

MERCURE

Vous m'étonnez. Son titre de dieu des dieux vous influence à ce point ? Cette espèce d'oisiveté suprême, cette fonction de contremaître sans spécialité du chantier divin ne vous détourne pas de lui, au contraire ?

ALCMÈNE

Il a la spécialité de la divinité. C'est quelque chose.

MERCURE

Il n'entend rien à l'éloquence, à l'orfèvrerie, à la musique de ciel ou de chambre. Il n'a aucun talent.

ALCMÈNE

Il est beau, mélancolique, et il n'a sur ses augustes traits aucun de ces tics qui habitent les traits des dieux forgerons ou poètes.

MERCURE

Il est beau, en effet, et coureur.

ALCMÈNE

Vous n'êtes pas loyal en parlant ainsi de lui.
Croyez-vous que je ne comprenne pas le sens de
ces passions subites qui précipitent Jupiter dans
les bras d'une mortelle ? Je m'y connais en greffes,
par mon mari, qui a trouvé, comme vous le savez peut-être là-haut, la greffe des cerises. En
classe aussi on nous fait réciter que le croisement
avec la beauté et même avec la pureté, ne peut
s'opérer que par ces visites et sur des femmes
trop honorées de cette haute mission. Je vous dé-
plais, en vous disant cela ?

MERCURE

Vous me ravissez... Alors le sort de Léda, de
Danaé, de toutes celles qu'a aimées ou qu'aimera
Jupiter vous paraît un sort heureux ?

ALCMÈNE

Infiniment heureux.

MERCURE

Enviable ?

ALCMÈNE

Très enviable.

MERCURE

Bref, vous les enviez ?

ALCMÈNE

Si je les envie ? Pourquoi cette question ?

MERCURE

Vous ne le devinez pas ? Vous ne devinez pas

pourquoi je viens ici, et ce que j'ai à vous annoncer, en messager de mon maître ?

ALCMÈNE

Dites toujours.

MERCURE

Qu'il vous aime... Que Jupiter vous aime.

ALCMÈNE

Jupiter me connaît ? Jupiter daigne savoir mon existence ? Je suis fortunée entre toutes.

MERCURE

Depuis de nombreux jours, il vous voit, il ne perd aucun de vos gestes, vous êtes inscrite dans son regard rayonnant.

ALCMÈNE

De nombreux jours ?

MERCURE

Et de nombreuses nuits. Vous pâlissez !

ALCMÈNE

C'est vrai, je devrais rougir !... Excusez-moi, Mercure. Mais je suis navrée de penser que je n'ai pas toujours été digne de ce regard ! Que ne m'avez-vous prévenue !

MERCURE

Et que dois-je lui dire ?

ALCMÈNE

Dites-lui que je serai désormais digne de cette

faveur. Un autel en argent se dresse déjà pour lui
dans le palais. Dès le retour d'Amphitryon, nous
élèverons un autel d'or.

MERCURE

Ce n'est pas votre autel qu'il demande.

ALCMÈNE

Tout ici lui appartient ! Qu'il daigne choisir
un objet parmi mes objets préférés !

MERCURE

Il l'a choisi, et il viendra ce soir au coucher
du soleil le demander lui-même.

ALCMÈNE

Lequel ?

MERCURE

Votre lit. (*Alcmène n'affecte pas une surprise
démesurée.*) Préparez-vous ! Je viens de donner
mes ordres à la nuit. Elle n'aura pas trop de
toute la journée pour amasser les éclats et les sons
d'une nuit de noces célestes. Ce sera moins une
nuit qu'une avance sur votre future immortalité.
Je suis heureux d'intercaler ce fragment d'éternité entre vos moments périssables. C'est mon
cadeau de fiançailles. Vous souriez ?

ALCMÈNE

On sourirait à moins.

MERCURE

Et pourquoi ce sourire ?

ALCMÈNE

Tout simplement parce qu'il y a erreur sur la personne, Mercure. Je suis Alcmène et Amphitryon est mon mari.

MERCURE

Les maris sont très en dehors des lois fatales du monde.

ALCMÈNE

Je suis la plus simple des Thébaines. Je réussissais mal en classe, et j'ai d'ailleurs tout oublié. On me dit peu intelligente.

MERCURE

Ce n'est pas mon avis.

ALCMÈNE

Je vous fais observer qu'il ne s'agit pas en ce moment de vous, mais de Jupiter. Or, recevoir Jupiter, je n'en suis pas digne. Il ne m'a vue qu'illuminée de son éclat. Ma lumière à moi est infiniment plus faible.

MERCURE

Du ciel on voit votre corps éclairer la nuit grecque.

ALCMÈNE

Oui, j'ai des poudres, des onguents. Cela va encore, avec les épiloirs et les limes. Mais je ne sais ni écrire ni penser.

MERCURE

Je vois que vous parlez très suffisamment. D'ail-

leurs les poètes de la postérité se chargeront de
votre conversation de cette nuit.

ALCMÈNE

Ils peuvent se charger aussi bien du reste.

MERCURE

Pourquoi ce langage qui rapetisse tout ce qu'il
touche ? Croyez-vous échapper aux dieux à re-
trancher tout ce qui dépasse de vous en noblesse
et en beauté ? Vous vous rendez mal compte de
la gravité de votre rôle ?

ALCMÈNE

C'est ce que je me tue à vous dire ! Ce rôle ne
me convient pas. Je vis dans tout ce qu'il y a
de plus terrestre comme atmosphère, et aucune
divinité ne pourrait la supporter longtemps.

MERCURE

N'allez pas vous imaginer qu'il s'agisse d'une
liaison, il s'agit de quelques heures.

ALCMÈNE

Cela, vous n'en savez rien. La constance de Jupiter, comme je l'imagine, me surprendrait à
peine. C'est son intérêt qui m'étonne.

MERCURE

Votre taille l'emporte sur toutes.

ALCMÈNE

Ma taille, admettons. Il sait que je me hâle af-
freusement l'été ?

MERCURE

Vos mains ornent les fleurs, dans vos jardins.

ALCMÈNE

Mes mains sont bien, oui. Mais on n'a que deux mains. Et j'ai une dent en trop.

MERCURE

Votre démarche déborde de promesses.

ALCMÈNE

Cela ne veut rien dire, au contraire. En amour, je suis peu développée.

MERCURE

Inutile de mentir. Jupiter vous a observée aussi, dans ce rôle.

ALCMÈNE

On peut feindre...

MERCURE

Trêve de paroles, et trêve de coquetterie... Que vois-je, Alcmène, des larmes dans vos yeux ? Vous pleurez dans l'heure où une pluie de joies va tomber sur l'humanité en votre honneur ! Car Jupiter l'a décidé. Il sait que vous êtes bonne et que vous préférez cette averse à une averse d'or. Une année de joie commence ce soir pour Thèbes. Plus d'épidémies, plus de famines, plus de guerres.

ALCMÈNE

Il ne manquait plus que cela !

MERCURE

Et les enfants de votre ville que la mort doit emporter cette semaine, ils sont huit, si vous désirez le savoir, quatre petits garçons et quatre petites filles, votre petite Charissa entre autres, vont être sauvés par votre nuit.

ALCMÈNE

Charissa ? Cela s'appelle du chantage.

MERCURE

La santé et le bonheur sont le seul chantage des dieux... Vous entendez ? Ces chants, cette musique, cet enthousiasme, c'est à vous qu'ils s'adressent. Thèbes entière sait que vous recevrez ce soir Jupiter, et s'orne, et s'égaye pour vous. Les malades, les pauvres, tous ceux qui vous devront la vie et le bonheur. Jupiter les guérira ou les comblera sur son passage, au coucher du soleil. Vous voilà prévenue. Adieu, Alcmène.

ALCMÈNE

Ah ! c'était là cette victoire ! Vous partez, Mercure ?

MERCURE

Je pars. Je vais prévenir Jupiter que vous l'attendez.

ALCMÈNE

Vous mentirez. Je ne peux pas l'attendre.

MERCURE

Que dites-vous ?

ALCMÈNE

Je ne l'attendrai pas. Je vous en supplie, Mercure. Détournez de moi la faveur de Jupiter !

MERCURE

Je ne vous comprends pas.

ALCMÈNE

Je ne peux être la maîtresse de Jupiter.

MERCURE

Pourquoi ?

ALCMÈNE

Il me mépriserait ensuite.

MERCURE

Ne faites pas votre naïve.

ALCMÈNE

Je suis impie. Je blasphème dans l'amour.

MERCURE

Vous mentez... C'est tout ?

ALCMÈNE

Je suis lasse, malade.

MERCURE

Ce n'est pas vrai. Ne croyez pas vous défendre contre un dieu avec les armes qui écartent les hommes.

ALCMÈNE

J'aime un homme.

MERCURE

Quel homme ?

ALCMÈNE

Mon mari.

> Mercure qui était penché vers elle se redresse.

MERCURE

Ah ! vous aimez votre mari ?

ALCMÈNE

Je l'aime.

MERCURE

Mais nous y comptons bien ! Jupiter, lui, n'est pas un homme, il ne choisit pas ses maîtresses parmi les femmes infidèles. D'ailleurs ne vous faites pas plus ingénue que vous ne l'êtes. Nous connaissons vos rêves.

ALCMÈNE

Mes rêves ?

MERCURE

Nous savons que vous rêvez. Les femmes fidèles rêvent parfois, et qu'elles ne sont pas dans les bras de leurs maris.

ALCMÈNE

Elles ne sont dans les bras de personne.

MERCURE

Il arrive à ces épouses sûres d'appeler leur mari Jupiter. Nous vous avons entendue.

ALCMÈNE

Mon mari peut être pour moi Jupiter. Jupiter
ne peut être mon mari.

MERCURE

Vous êtes vraiment ce qu'on nomme un esprit
obstiné ! Ne me forcez pas à vous parler crûment,
et à vous montrer le fond de ce que vous croyez
votre candeur. Je vous trouve suffisamment cy-
nique dans vos paroles.

ALCMÈNE

Si j'étais surprise nue, je devrais me débattre
avec mon corps et mes jambes nues. Vous ne me
laissez pas le choix des mots.

MERCURE

Alors j'y vais sans ambages : Jupiter ne demande pas absolument à entrer en homme dans
votre lit...

ALCMÈNE

Vous avez pu voir que je n'y accepte pas non
plus les femmes.

MERCURE

Nous avons pu voir que certains spectacles dans
la nature, que certains parfums, que certaines
formes vous irritent tendrement dans votre âme
et dans votre corps, et que souvent, même au
bras d'Amphitryon, il naît en vous vis-à-vis d'objets et d'êtres une tumultueuse appréhension. Vous
aimez nager. Jupiter peut devenir l'eau qui vous
investit et vous force. Ou si vous croyez marquer

moins votre infidélité en recevant d'une plante,
d'un animal la faveur du maître des dieux, dites-
le, et il vous exaucera... Quel est votre félin préféré ?

ALCMÈNE

Mercure, laissez-moi.

MERCURE

Un mot, et je pars. Un enfant doit naître de
la rencontre de ce soir, Alcmène.

ALCMÈNE

Il a même un nom, sans doute ?

MERCURE

Il a un nom, Hercule.

ALCMÈNE

Pauvre petite fille, elle ne naîtra pas.

MERCURE

C'est un garçon, et il naîtra. Tous ces monstres
qui désolent encore la terre, tous ces fragments
de chaos qui encombrent le travail de la création,
c'est Hercule qui doit les détruire et les dissiper.
Votre union avec Jupiter est faite de toute éternité.

ALCMÈNE

Et que se passera-t-il, si je refuse ?

MERCURE

Hercule doit naître.

ALCMÈNE

Si je me tue ?

MERCURE

Jupiter vous redonnera la vie, ce fils doit naître.

ALCMÈNE

Un fils de l'adultère, jamais. Ce fils mourrait, tout fils du Ciel qu'il puisse être.

MERCURE

La patience des dieux a des limites, Alcmène. Vous méprisez leur courtoisie. Tant pis pour vous. Après tout, nous n'avons que faire de votre consentement. Apprenez donc qu'hier...

Ecclissé entre brusquement.

ECCLISSÉ

Maîtresse...

ALCMÈNE

Qu'y a-t-il ?

MERCURE

Amphitryon, sans doute ?

ECCLISSÉ

Non, Seigneur. La reine Léda arrive au palais. Peut-être dois-je la renvoyer ?

ALCMÈNE

Léda ?... Non ! Qu'elle reste !

MERCURE

Recevez-la, Alcmène, elle peut vous être d'un

utile conseil. Pour moi je pars, et vais rendre compte de notre entretien à Jupiter.

ALCMÈNE

Vous lui direz ma réponse ?

MERCURE

Tenez-vous à voir votre ville assaillie par des pestes, par l'incendie ? A voir votre mari vaincu et déchu ? Je lui dirai que vous l'attendez.

ALCMÈNE

Vous direz un mensonge.

MERCURE

C'est avec les mensonges du matin que les femmes font leurs vérités du soir. A ce soir, Alcmène.

Il disparaît.

ALCMÈNE

Ecclissé, comment est-elle ?

ECCLISSÉ

Sa robe ? D'argent avec liséré de cygne, mais très discret.

ALCMÈNE

Je parle de son visage... Dur, orgueilleux ?

ECCLISSÉ

Noble et paisible.

ALCMÈNE

Alors, va, cours, qu'elle entre vite, une idée

m'est venue, une idée merveilleuse ! Léda peut
me sauver.

Sort Ecclissé.

SCÈNE SIXIÈME

LEDA, ALCMENE

LÉDA

Voilà une visite indiscrète, Alcmène ?

ALCMÈNE

Tellement désirée, Léda, au contraire !

LÉDA

C'est la future chambre historique ?

ALCMÈNE

C'est ma chambre.

LÉDA

La mer et la montagne, vous faites bien les
choses !

ALCMÈNE

Et le ciel surtout...

LÉDA

Le ciel, lui, est peut-être plus indifférent... C'est
pour ce soir ?

ALCMÈNE

On dit que c'est pour ce soir.

LÉDA

Comment cela est-il arrivé ? Vous faisiez de
grandes prières tous les jours pour dire votre
peine, votre nostalgie ?

ALCMÈNE

Non. Je les faisais pour dire ma satisfaction,
mon bonheur...

LÉDA

C'est encore la meilleure façon d'appeler à
l'aide... Vous l'avez vu ?

ALCMÈNE

Non... C'est lui qui vous envoie ?

LÉDA

Je passais par Thèbes, j'ai appris les nouvelles,
je suis venue vous voir.

ALCMÈNE

Ce n'est pas plutôt que vous comptez le re-
voir ?

LÉDA

Je ne l'ai jamais vu !... Vous n'ignorez pas les
détails de l'aventure ?

ALCMÈNE

Léda, c'était vrai ce que la légende raconte,
il était un vrai cygne ?

LÉDA

Ah ! Cela vous intéresse ! Jusqu'à un certain point, une espèce de nuage oiseau, de rafale cygne.

ALCMÈNE

De vrai duvet ?

LÉDA

A vous parler franchement, Alcmène, j'aimerais autant qu'il ne reprît pas cette forme avec vous. Je n'ai pas à être jalouse, mais laissez-moi cette originalité. Il est tant d'autres oiseaux, de beaucoup plus rares, même !

ALCMÈNE

D'aussi nobles que les cygnes, qui aient l'air plus distant, bien peu !

LÉDA

Evidemment.

ALCMÈNE

Je ne trouve pas du tout qu'ils aient l'air plus bêtes que l'oie ou l'aigle. Du moins, ils chantent, eux.

LÉDA

En effet, ils chantent.

ALCMÈNE

Personne ne les entend, mais ils chantent. Chantait-il, lui ? Parlait-il ?

LÉDA

Un ramage articulé, dont le sens échappait, mais

dont la syntaxe était si pure qu'on devinait les verbes et les relatifs des oiseaux.

ALCMÈNE

Est-ce exact que les articulations de ses ailes crépitaient harmonieusement ?

LÉDA

Très exact, comme chez les cigales, en moins métallique. J'ai touché des doigts cette naissance des ailes : une harpe de plumes !

ALCMÈNE

Vous aviez été informée de son choix ?

LÉDA

C'était l'été. Depuis le solstice, de grands cygnes naviguaient très haut entre les astres. J'étais bien sous le signe du cygne, comme dit plaisamment mon mari.

ALCMÈNE

Votre mari plaisante sur ce sujet ?

LÉDA

Mon mari ne croit pas aux dieux. Il ne peut donc voir, dans cette aventure, qu'une imagination ou le sujet de jeux de mots. C'est un avantage.

ALCMÈNE

Vous avez été bousculée, surprise ?

LÉDA

Assaillie, doucement assaillie. Caressée soudain

par autre chose que par ces serpents prisonniers
que sont les doigts, ces ailes mutilées que sont
les bras; prise dans un mouvement qui n'était
plus celui de la terre, mais celui des astres, dans
un roulis éternel : bref un beau voyage. D'ailleurs vous serez mieux renseignée que moi dans
un moment.

ALCMÈNE

Il vous a quittée comment ?

LÉDA

J'étais étendue. Il est monté droit à mon zénith.
Il m'avait douée pour quelques secondes d'une
presbytie surhumaine qui me permit de le suivre
jusqu'au zénith du zénith. Je l'ai perdu là.

ALCMÈNE

Et depuis, rien de lui ?

LÉDA

Je vous dis, ses faveurs, les politesses de ses
prêtres. Parfois une ombre de cygne qui se pose
sur moi dans le bain, et que nul savon n'enlève...
Les branches d'un poirier témoin s'inclinent sur
mon passage. D'ailleurs je n'aurais pas supporté
de liaison même avec un dieu. Une seconde visite,
oui, peut-être. Mais il a négligé ce point de l'éti-
quette.

ALCMÈNE

Cela pourrait peut-être se rattraper ! Et depuis,
vous êtes heureuse ?

LÉDA

Heureuse, hélas non ! Mais, du moins, bien-
heureuse. Vous verrez que cette surprise donnera
à tout votre être, et pour toujours, une détente
dont votre vie entière profitera.

ALCMÈNE

Ma vie n'est pas tendue ; et d'ailleurs je ne le
verrai pas.

LÉDA

Vous le sentirez. Vous sentirez vos étreintes
avec votre mari dégagées de cette douloureuse
inconscience, de cette fatalité qui leur enlève le
charme d'un jeu familial...

ALCMÈNE

Léda, croyez-vous que l'on puisse fléchir Jupiter,
vous qui le connaissez ?

LÉDA

Je le connais ? Je ne l'ai vu qu'oiseau !

ALCMÈNE

Mais d'après ses actes d'oiseau, quel est son
caractère de dieu ?

LÉDA

Beaucoup de suite dans les idées et peu de
connaissance des femmes, mais il est docile à la
moindre indication et reconnaissant pour toute
aide... Pourquoi me demandez-vous cela ?

ALCMÈNE

J'ai décidé de refuser les faveurs de Jupiter.
Je vous en supplie ! Voulez-vous me sauver ?

LÉDA

Vous sauver de la gloire ?

ALCMÈNE

D'abord je suis indigne de cette gloire. Vous,
vous étiez la plus belle des reines, mais la plus
intelligente aussi. Quelle autre que vous eût compris la syntaxe du chant des oiseaux ? N'avez-vous
pas aussi inventé l'écriture ?

LÉDA

C'est si inutile avec les dieux. Ils n'inventeront
jamais la lecture...

ALCMÈNE

Vous connaissez l'astronomie. Vous savez où est
votre zénith, votre nadir. Moi je les confonds.
Vous êtes déjà située dans l'univers comme un
astre. La science donne au corps féminin un
levain et une densité qui affolent hommes et
dieux. Il suffit de vous voir pour comprendre que
vous êtes moins une femme qu'une de ces statues
vivantes dont la progéniture de marbre ornera un
jour tous les beaux coins du monde.

LÉDA

Vous, vous n'êtes rien, comme ils disent, que
beauté et jeunesse. Où voulez-vous en venir, chère
petite ?

ALCMÈNE

Je me tuerai, plutôt que de subir l'amour de
Jupiter. J'aime mon mari.

LÉDA

Justement, vous ne pourrez plus jamais aimer
que lui, sortant du lit de Jupiter. Aucun homme,
aucun dieu n'osera vous toucher !

ALCMÈNE

Je serais condamnée à aimer mon mari. Mon
amour pour lui ne serait plus le fruit de mon
libre choix. Il ne me le pardonnerait jamais !

LÉDA

Peut-être commencerez-vous plus tard, autant
commencer par un dieu.

ALCMÈNE

Sauvez-moi, Léda ! Vengez-vous de Jupiter, qui
ne vous a étreinte qu'une fois et a cru vous con-
soler avec les révérences d'un poirier.

LÉDA

Comment se venger d'un pauvre cygne blanc ?

ALCMÈNE

Avec un cygne noir. Je vais vous expliquer. Prenez ma place !

LÉDA

Votre place !

ALCMÈNE

Cette porte donne sur une chambre obscure où

tout est préparé pour le repos. Mettez mes voiles,
répandez mon parfum. Jupiter s'y trompera, et à
son avantage. Ne se rend-on pas de ces services
entre amies ?

LÉDA

Sans se le dire, oui, souvent... Charmante
femme !

ALCMÈNE

Pourquoi souriez-vous ?

LÉDA

Après tout, Alcmène, peut-être dois-je vous écou-
ter ! Plus je vous entends, plus je vous vois, plus
je pense qu'à tant d'agréments humains la visite du destin pourrait être fatale, et plus j'ai
scrupule à vous attirer de force dans cette assemblée qui réunit aux fêtes de l'année solaire, là-
bas, sur ce haut promontoire, les femmes qu'aima
Jupiter.

ALCMÈNE

Cette fameuse assemblée où se déroulent des
orgies divines ?

LÉDA

Des orgies divines ? Mais c'est une calomnie.
Des orgies d'idées générales tout au plus, chère
petite. Nous sommes là-haut absolument entre
nous !

ALCMÈNE

Mais alors qu'y faites-vous ? Je ne puis le savoir ?

LÉDA

Vous me comprendrez peut-être difficilement, chère amie. Le langage abstrait, heureusement, ne doit pas être votre fort. Vous comprendriez les mots archétypes, les mots idées forces, le mot ombilic ?

ALCMÈNE

Je comprends ombilic. Cela veut dire nombril, je crois ?

LÉDA

Vous me comprendriez si je vous racontais qu'étendues sur la roche ou sur le gazon maigre piqué de narcisses, illuminées par la gerbe des concepts premiers, nous figurons toute la journée une sorte d'étalage divin de surbeautés, et que, au lieu cette fois de concevoir, nous sentons les élans du cosmos se modeler sur nous, et les possibles du monde nous prendre pour noyau ou pour matrice ? Vous comprenez ?

ALCMÈNE

Je comprends que c'est une assemblée extrêmement sérieuse.

LÉDA

Très spéciale, en tout cas ! Et où la moitié de vos charmes, ravissante Alcmène, serait sans objet ! Vous si vive, si enjouée, si volontairement éphémère, je crois que vous avez raison. Vous êtes née pour être, non une des idées mères, mais la plus gracieuse idée fille de l'humanité.

ALCMÈNE

O Merci, Léda ! Vous me sauverez ! On adore
sauver l'éphémère !

LÉDA

Je veux bien vous sauver, chère Alcmène. Entendu. Mais encore voudrais-je savoir à quel prix !

ALCMÈNE

A quel prix ?

LÉDA

Sous quelle forme Jupiter doit-il venir ? Il
faudrait tout au moins que ce fût sous un aspect
que j'aime.

ALCMÈNE

Ah ! cela, je l'ignore.

LÉDA

Vous pouvez le savoir. Il revêtira la forme qui
hante vos désirs et vos rêves.

ALCMÈNE

Je n'en vois pas.

LÉDA

J'espère que vous n'aimez point les serpents.
J'en ai horreur. Il n'y aurait pas alors à compter
sur moi... Ou alors un beau serpent, couvert de
bagues.

ALCMÈNE

Aucun animal, aucun végétal ne me hante...

LÉDA

Je décline aussi les minéraux. Enfin, Alcmène, vous avez bien un point sensible ?

ALCMÈNE

Je n'ai pas de point sensible. J'aime mon mari.

LÉDA

Mais le voilà le point sensible ! Il n'y a pas à en douter ! C'est par là que vous serez vaincue. Vous n'avez jamais aimé que votre mari ?

ALCMÈNE

J'en suis là.

LÉDA

Comment n'y avons-nous point pensé ! La ruse de Jupiter sera la plus simple des ruses. Ce qu'il aime en vous, je le sens bien depuis que je vous connais, c'est votre humanité; ce qui est intéressant avec vous, c'est de vous connaître en humaine, dans vos habitudes intimes et vos vraies joies. Or, pour y arriver, il n'est qu'un artifice, prendre la forme de votre mari. Votre cygne, mais ce sera un Amphitryon, n'en doutez plus ! Jupiter attendra la première absence de votre mari pour pénétrer chez vous et vous tromper.

ALCMÈNE

Vous m'effrayez. Amphitryon est absent !

LÉDA

Absent de Thèbes ?

ALCMÈNE

Il est parti hier soir pour la guerre.

LÉDA

Quand revient-il ? une armée ne peut décemment faire une guerre de moins de deux jours ?

ALCMÈNE

J'en ai peur.

LÉDA

D'ici ce soir, Alcmène, Jupiter forcera ces portes sous l'aspect de votre mari et vous vous donnerez à lui sans défiance.

ALCMÈNE

Je le reconnaîtrai.

LÉDA

Pour une fois un homme sera un ouvrage divin. Vous vous abuserez.

ALCMÈNE

Justement. Il sera un Amphitryon plus parfait, plus intelligent, plus noble. Je le haïrai à première vue.

LÉDA

Il était un cygne immense, et je ne l'ai pas distingué du petit cygne de mon fleuve...

Ecclissé entre.

ECCLISSÉ

Une nouvelle, maîtresse, une nouvelle imprévue !

LÉDA

Amphitryon est là !

ECCLISSÉ

Comment le savez-vous ? Oui, le prince sera dans une minute au palais. Des remparts je l'ai vu au galop de son cheval franchir les fossés.

ALCMÈNE

Aucun cavalier jamais ne les a franchis !

ECCLISSÉ

Un bond lui a suffi.

LÉDA

Il est seul ?

ECCLISSÉ

Seul, mais on sent autour de lui un escadron invisible. Il rayonne. Il n'a pas cet air fatigué qu'il porte d'habitude au retour de la guerre. Le jeune soleil en pâlit. C'est un bloc de lumière avec une ombre d'homme. Que dois-je faire, maîtresse, Jupiter est autour de nous, et mon maître s'expose à la colère des dieux ? Je crois avoir perçu un coup de tonnerre au moment où il entrait dans le chemin de ronde...

ALCMÈNE

Va, Ecclissé.

Ecclissé sort.

LÉDA

Etes-vous convaincue, maintenant ? Voilà Jupiter ! Voilà le faux Amphitryon.

ALCMÈNE

Eh bien ! il trouvera ici la fausse Alcmène. De
toute cette future tragédie de dieux, ô chère
Léda, grâce à vous, je vous en supplie, faisons un
petit divertissement pour femmes ! Vengeons-nous !

LÉDA

Comment est-il votre mari ? Vous avez son portrait ?

ALCMÈNE

Le voilà.

LÉDA

C'est qu'il n'est pas mal... Il a ces beaux yeux
que j'aime, où la prunelle est à peine indiquée,
comme dans les statues. J'aurais adoré les statues,
si elles savaient parler et être sensibles. Il est
brun ? Il ne frise pas, j'espère ?

ALCMÈNE

Des cheveux mat, Léda, des ailes de corbeau.

LÉDA

Stature militaire ? Peau rugueuse ?

ALCMÈNE

Mais certainement pas ! Beaucoup de muscles,
mais si souples !

LÉDA

Vous ne m'en voudrez pas de vous prendre
l'image du corps que vous aimez ?

ALCMÈNE

Je vous le jure.

LÉDA

Vous ne m'en voudrez pas de vous prendre un
dieu que vous n'aimez pas ?

ALCMÈNE

Il arrive. Sauvez-moi.

LÉDA

Elle est là, cette chambre ?

ALCMÈNE

Elle est là.

LÉDA

Il n'y a pas de degrés à descendre dans cette
ombre, j'ai horreur des faux pas.

ALCMÈNE

Un sol lisse et plan.

LÉDA

Le mur du divan n'est pas revêtu de marbre ?

ALCMÈNE

De tapis de haute laine. Vous n'hésiterez pas au
dernier moment !

LÉDA

Je vous l'ai promis. Je suis très consciencieuse en
amitié. Le voilà. Amusez-vous un peu de lui avant

de me l'envoyer. Vengez-vous sur le faux Amphitryon des chagrins que vous donnera un jour le vrai...

SCÈNE SEPTIÈME

ALCMENE, AMPHITRYON

VOIX D'ESCLAVE

Et vos chevaux, seigneur, que dois-je en faire? Ils sont épuisés.

AMPHITRYON

Je me moque de mes chevaux. Je repars à l'instant.

ALCMÈNE

Il se moque de ses chevaux, ce n'est pas Amphitryon.

Amphitryon s'avance vers elle.

AMPHITRYON

C'est moi !

ALCMÈNE

Et non un autre, je le vois.

AMPHITRYON

Tu ne m'embrasses pas, chérie ?

ALCMÈNE

Un moment, si tu veux. Il fait si clair ici. Tout à l'heure, dans cette chambre.

AMPHITRYON

Tout de suite ! La pensée seule de cette minute m'a lancé vers toi comme une flèche.

ALCMÈNE

Et fait escalader les rochers, et franchir les rivières, et enjamber le ciel ! Non, non, viens plutôt vers le soleil, que je te regarde ! Tu n'as pas peur de montrer ton visage à ta femme ? Tu sais qu'elle en connaît les moindres beautés, les moindres taches.

AMPHITRYON

Le voici, chérie, et bien imité.

ALCMÈNE

Bien imité, en effet. Une femme habituelle s'y tromperait. Tout y est. Ces deux rides tristes qui servent au sourire, cet évidement comique qui sert aux larmes, et pour marquer l'âge, ce piétinement, là, au coin des tempes, de je ne sais quel oiseau, de l'aigle de Jupiter sans doute ?

AMPHITRYON

D'une oie, chérie, c'est ma patte d'oie. Tu l'embrasses, d'habitude.

ALCMÈNE

Tout cela est bien mon mari ! Il y manque

pourtant l'égratignure qu'il se fit hier. Curieux
mari, qui revient de la guerre avec une estafilade
en moins.

AMPHITRYON

L'air est souverain pour les blessures.

ALCMÈNE

L'air des combats, cela est bien connu ! Voyons
les yeux. Eh ! Eh ! cher Amphitryon, tu avais au
départ deux grands yeux gais et francs. D'où te
vient cette gravité dans l'œil droit, d'où te vient
dans l'œil gauche ce rayon hypocrite ?

AMPHITRYON

Il ne faut pas se regarder trop en face, entre
époux, si l'on veut s'éviter des découvertes...
Viens...

ALCMÈNE

Un instant... Il flotte des nuages, en ce regard,
que je n'avais jamais aperçus... Je ne sais ce que
tu as, ce soir, mon ami, mais à te voir, j'éprouve
un vertige, je sens m'envahir une espèce de
science du passé, de prescience de l'avenir... Je
devine les mondes lointains, les sciences cachées.

AMPHITRYON

Toujours avant l'amour, chérie. Moi aussi. Cela
passera.

ALCMÈNE

A quoi pense ce large front, plus large que nature ?

AMPHITRYON

A la belle Alcmène, toujours égale à soi.

ALCMÈNE

A quoi pense ce visage, qui grossit sous mes yeux ?

AMPHITRYON

A baiser tes lèvres.

ALCMÈNE

Pourquoi mes lèvres ? Jamais tu ne me parlais autrefois de mes lèvres ?

AMPHITRYON

A mordre ta nuque.

ALCMÈNE

Tu deviens fou ? Jamais tu n'avais eu l'audace jusqu'ici d'appeler par leur nom un seul de mes traits !

AMPHITRYON

Je me le suis reproché cette nuit, et je vais te les nommer tous. J'ai eu soudain cette idée, faisant l'appel de mon armée, et tous devront aujourd'hui répondre à mon dénombrement, paupières, gorge, et nuque, et dents. Tes lèvres !

ALCMÈNE

Voici toujours ma main.

AMPHITRYON

Qu'as-tu ? Je t'ai piquée ? C'était désagréable ?

ALCMÈNE

Où as-tu couché cette nuit ?

AMPHITRYON

Dans des ronces, pour oreiller un fagot de sar-
ments qu'au réveil j'ai flambé !... Il faut que je
reparte dans l'heure, chérie, car nous livrerons la
bataille dès ce matin... Viens !... Que fais-tu ?

ALCMÈNE

J'ai bien le droit de caresser tes cheveux. Jamais ils n'ont été aussi brillants, aussi secs !

AMPHITRYON

Le vent sans doute !

ALCMÈNE

Ton esclave le vent. Et quel crâne tu as soudain ! Jamais je ne l'avais vu aussi considérable.

AMPHITRYON

L'intelligence, Alcmène...

ALCMÈNE

Ta fille l'intelligence...

AMPHITRYON

Et cela ce sont mes sourcils, si tu tiens à le savoir, et cela mon occiput, et cela ma veine jugu-
laire... Chère Alcmène, pourquoi frémis-tu ainsi
en me touchant ? Tu sembles une fiancée et non
une femme. Qui t'a donné vis-à-vis de ton époux
cette retenue toute neuve ? Voilà qu'à moi aussi

tu deviens une inconnue. Et tout ce que je vais découvrir aujourd'hui sera nouveau pour moi...

ALCMÈNE

J'en ai la certitude...

AMPHITRYON

Ne souhaites-tu pas un cadeau, n'as-tu pas un vœu à faire ?

ALCMÈNE

Je voudrais, avant de pénétrer dans cette chambre, que tu effleures de tes lèvres mes cheveux.

AMPHITRYON, la prenant dans ses bras
et l'embrassant dans le cou.

Voilà !

ALCMÈNE

Que fais-tu ? Embrasse-moi de loin, sur les cheveux, te dis-je.

AMPHITRYON, l'embrassant sur la joue.

Voilà !

ALCMÈNE

Tu manques de parole, suis-je chauve pour toi ?

AMPHITRYON, l'embrassant sur les lèvres.

Voilà... Et maintenant je t'emporte...

ALCMÈNE

Une minute ! Rejoins-moi, dans une minute ! Dès que je t'appelle, mon amant !

Elle entre dans la chambre. Amphitryon
reste seul.

AMPHITRYON

Quelle épouse charmante ! Comme la vie est
douce qui s'écoule ainsi sans jalousie et sans risque, et doux ce bonheur bourgeois que n'effleure
ni l'intrigue, ni la concupiscence. Que je re-
gagne le palais à l'aurore ou au crépuscule, je
n'y découvre que ce que j'y cache et je n'y sur-
prends que le calme... Je peux venir, Alcmène ?...
Elle ne répond pas : je la connais, c'est qu'elle
est prête... Quelle délicatesse, c'est par son silence
qu'elle me fait signe, et quel silence ! Comme il
résonne ! Comme elle m'appelle ! Oui, oui, me
voici, chérie...

Quand il est entré dans la chambre, Alcmène
revient à la dérobée, le suit d'un sourire,
écarte les tentures, revient au milieu de la
scène.

ALCMÈNE

Et voilà, le tour est joué ! Il est entre ses bras.
Qu'on ne me parle plus de la méchanceté du
monde. Un simple jeu de petite fille la rend ano-
dine. Qu'on ne me parle plus de la fatalité, elle
n'existe que par la veulerie des êtres. Ruses des
hommes, désirs des dieux ne tiennent pas contre
la volonté et l'amour d'une femme fidèle... N'est-
ce pas ton avis, écho, toi qui m'as toujours
donné les meilleurs conseils ?... Qu'ai-je à redouter
des dieux et des hommes, moi qui suis loyale et
sûre, rien, n'est-ce pas, rien, rien ?

L'ECHO

Tout ! Tout !

ALCMÈNE

Tu dis ?

L'ECHO

Rien ! Rien !

RIDEAU.

ACTE TROISIÉME

Terrasse près du palais.

SOSIE, LE TROMPETTE, ECCLISSE,
puis les danseuses

LE TROMPETTE
Il s'agit de quoi ce soir, dans ta proclamation ?

SOSIE
Des femmes.

LE TROMPETTE
Bravo ! Du danger des femmes ?

SOSIE
De l'état naturel de fidélité où sont les épouses en temps de guerre... Par extraordinaire, la proclamation risque cette fois d'être vraie, notre guerre n'a duré qu'un jour.

LE TROMPETTE
Lis-la vite.

Il sonne.

SOSIE
O Thébains, la guerre, entre tant d'avantages...

ECCLISSÉ

Silence.

SOSIE

Comment, silence ? Mais la guerre est finie, Ecclissé. Tu as deux vainqueurs devant toi. Nous précédons l'armée d'un quart d'heure.

ECCLISSÉ

Silence, te dis-je, écoute !

SOSIE

Ecouter ton silence, c'est neuf.

ECCLISSÉ

Ce n'est pas moi qui parle, aujourd'hui, c'est le ciel. Une voix céleste annonce aux Thébains les exploits d'un héros inconnu.

SOSIE

Inconnu ? Du petit Hercule, tu veux dire ? Du fils qu'Alcmène doit avoir cette nuit de Jupiter ?

ECCLISSÉ

Tu sais cela !

SOSIE

Comme toute l'armée, demande au trompette.

LE TROMPETTE

Et je vous prie de croire que tous se réjouissent. Soldats et Officiers ne peuvent attribuer qu'à cet heureux événement notre victoire ra-

pide. Pas un tué, madame, et les chevaux eux-
mêmes n'ont été blessés qu'à la jambe gauche.
Seul Amphitryon ne savait rien encore, mais,
grâce à ces voix célestes, il doit être maintenant
averti.

ECCLISSÉ

Amphitryon a pu entendre les voix, de la
plaine !

LE TROMPETTE

On n'en perd pas un mot. La foule est massée
au pied du palais et nous avons écouté avec elle.
C'est assez impressionnant. Il vient d'y avoir surtout un petit combat entre votre futur jeune
maître et un monstre à tête de taureau qui nous
a tenus pantelants. Hercule s'en est tiré, mais de
justesse... Attention, voici la suite.

LA VOIX CÉLESTE

O Thébains, le minotaure à peine tué, un dragon s'installe aux portes de votre ville, un dragon
à trente têtes qui se nourrissent de chair humaine,
de votre chair, à part une seule tête herbivore.

LA FOULE

Oh ! Oh ! Oh !

LA VOIX

Mais Hercule, le fils qu'Alcmène concevra cette
nuit de Jupiter, d'un arc à trente cordes, perce
les trente têtes.

LA FOULE

Eh ! Eh ! Eh !

LE TROMPETTE

Je me demande pourquoi il a tué la tête herbivore.

SOSIE

Regarde Alcmène à son balcon. Elle n'en perd pas un mot. Comme Jupiter est habile ! Il sait combien notre Reine désire d'enfants, il lui dépeint Hercule, pour qu'elle se prenne à l'aimer et se laisse convaincre.

ECCLISSÉ

Pauvre maîtresse ! Elle en est oppressée. C'est autour d'elle qu'elle sent ce fils gigantesque. C'est lui qui la contient comme un enfant !

LE TROMPETTE

A la place de Jupiter, je ferais parler Hercule lui-même. L'émoi d'Alcmène en serait accru.

SOSIE

Tais-toi ! La voix parle !

LA VOIX CÉLESTE

De mon père Jupiter, j'aurai le ventre poli, le poil frisé.

LA FOULE

Oh ! Oh ! Oh !

ECCLISSÉ

Les dieux ont eu votre idée, trompette.

LE TROMPETTE

Oui, un peu moins rapidement.

LA VOIX

De ma mère Alcmène, le tendre et loyal regard.

ECCLISSÉ

Ta mère est là, petit Hercule, la vois-tu ?

LA VOIX

Je la vois, je l'admire.

LA FOULE

Ah ! Ah ! Ah !

SOSIE

Qu'a donc ta maîtresse à fermer si brusquement sa fenêtre ? Couper la parole à une voix céleste, elle exagère ! D'ailleurs, Ecclissé, que signifie cette figure d'enterrement ? Et pourquoi le Palais prend-il cet air maussade, alors que toutes les tentures de fête devraient déjà flotter au vent ? Le bruit court pourtant à l'armée que ta maîtresse a fait venir Léda pour lui demander les derniers conseils et qu'elles ont passé la journée à jouer et à rire ? c'était faux ?

ECCLISSÉ

C'était vrai. Mais elle est partie depuis une heure à peine. C'est aussitôt après son départ que les voix ont annoncé la visite de Jupiter pour le coucher du soleil.

SOSIE

Les prêtres ont confirmé la nouvelle ?

ECCLISSÉ

Ils sortent d'ici.

SOSIE

Alors, Alcmène se prépare ?

ECCLISSÉ

Je ne sais.

LE TROMPETTE

Madame, des rumeurs assez fâcheuses circulent dans Thèbes sur votre maîtresse et sur vous. On dit que par enfantillage ou par coquetterie, Alcmène affecte de ne pas apprécier la faveur de Jupiter, et qu'elle ne songe à rien moins qu'à empêcher le libérateur de venir au monde.

SOSIE

Oui, et que tu l'aides dans cet infanticide.

ECCLISSÉ

Comment peut-on ainsi m'accuser ! Avec quelle impatience je l'attends, moi, cet enfant ! Songe que c'est avec moi qu'il commencerait ces luttes qui sauveront la terre. C'est moi pendant dix ans qui jouerai pour lui l'hydre, le minotaure ! Quels cris peuvent bien pousser ces bêtes, pour que je l'y habitue ?

SOSIE

Calme-toi. Parle-nous d'Alcmène. Il n'est vraiment pas décent pour Thèbes d'offrir aux dieux une maîtresse morose et rechignante. Est-il vrai qu'elle cherche un moyen de détourner Jupiter de son projet ?

ECCLISSÉ

J'en ai peur.

SOSIE

Elle ne réfléchit pas que si elle le trouve, c'est Thèbes perdue, la peste et la révolte dans nos murs, Amphitryon lapidé par la foule; les femmes fidèles sont toutes les mêmes, elles ne pensent qu'à leur fidélité et jamais à leurs maris.

LE TROMPETTE

Rassurez-vous, Sosie, le moyen elle ne le trouvera pas, Jupiter ne se laissera pas détourner de son projet, car le propre de la divinité, c'est l'entêtement. Si l'homme savait pousser l'obstination à son point extrême, lui aussi serait déjà dieu. Voyez les savants, et les secrets divins qu'ils arrachent de l'air ou du métal, simplement parce qu'ils se butent. Jupiter est buté. Il saura le secret d'Alcmène. D'ailleurs tout est prêt pour sa venue. Elle est fixée comme une éclipse. Tous les petits Thébains se brûlent les doigts à noircir des éclats de verre pour suivre sans ophtalmie le bolide du dieu.

SOSIE

As-tu prévenu les musiciens, les cuisiniers ?

ECCLISSÉ

J'ai préparé du samos et des gâteaux.

SOSIE

Comme les nourrices ont le sens de l'adultère et pas celui du mariage ! Tu n'as pas l'air de te douter qu'il s'agit, non pas d'un rendez-vous clandestin, mais de noces, de vraies noces ! Et l'assemblée, la foule, où est-elle ? Jupiter exige une foule autour de chacun de ses actes amoureux. Qui comptes-tu convoquer à cette heure tardive ?

ECCLISSÉ

J'allais justement à la ville rassembler tous les pauvres, les malades, les infirmes, les digraciés de la nature. Ma maîtresse veut qu'ils se massent sur le passage de Jupiter, pour l'attendrir et le toucher.

LE TROMPETTE

Rassembler pour fêter Jupiter les bossus et les boiteux ! Lui montrer en un mot les imperfections du monde qu'il ignore, mais ce serait l'exaspérer ! Vous ne le ferez pas...

ECCLISSÉ

J'y suis bien obligée ! Ma maîtresse l'ordonne.

SOSIE

Elle a tort. Et le trompette a raison.

LE TROMPETTE

C'est un sacrilège que de prouver à notre créateur qu'il a raté le monde. Les amabilités qu'il a pour lui viennent de ce qu'il le croit parfait. S'il nous voit bancal et manchot, s'il apprend que nous souffrons de la jaunisse et de la gravelle, il sera

furieux contre nous. D'autant plus qu'il prétend
nous avoir créés à son image : on déteste les mauvais miroirs.

ECCLISSÉ

Lui-même, par la voix céleste, a réclamé les
infortunés parmi les Thébains.

LE TROMPETTE

Il les aura. J'ai entendu la voix et me suis
chargé tout à l'heure de ce soin. Il est seulement
nécessaire que ces infortunés lui inspirent une
haute idée de l'infortune humaine. N'ayez pas
d'inquiétude, Sosie, tout sera prêt. J'ai justement
amené toute une troupe spéciale de paralytiques.

ECCLISSÉ

Des paralytiques n'ont pu monter jusqu'au
palais !

LE TROMPETTE

Elles sont parfaitement montées, et vous allez
les voir. Entrez, mes petites, entrez ! Venez montrer vos pauvres membres au maître des dieux.

Entrent les jeunes danseuses.

ECCLISSÉ

Mais ce sont les danseuses !

LE TROMPETTE

Elles sont les paralytiques. Du moins elles seront
présentées comme telles à Jupiter. Elles repré-
sentent le point le plus bas de ce qu'il croit l'im-

potence des hommes. Et j'ai là aussi, derrière les bosquets, une douzaine de chanteuses, qui clameront les cantiques pour faire les muettes. Avec un supplément de quelques géants comme nains, nous aurons un public d'infortunés tel que Jupiter ne rougira pas d'avoir créé le monde et comblera le moindre désir de ta maîtresse et des Thébains. Par où vient-il ?

ECCLISSÉ

Dos au soleil, ont dit les prêtres. Il y aura aujourd'hui au couchant deux épaisseurs de feu.

LE TROMPETTE

Il faut qu'il voie en plein éclat le visage des boulangères. Vous les mettrez là. Elles feront les lépreuses.

UNE DANSEUSE

Mais nous, monsieur le philosophe, qu'avons-nous à faire ?

SOSIE

A danser. Vous ne savez rien faire d'autre, j'espère ?

LA DANSEUSE

Quelle danse ? La symbolique avec les décollés majeurs ?

SOSIE

Pas de zèle. N'oubliez pas que pour Jupiter vous êtes des boiteuses.

UNE DANSEUSE

Ah ! C'est pour Jupiter. Alors nous avons le pas de la truite avec saccades qui imitent la foudre, cela le flattera.

LE TROMPETTE

Ne vous faites pas d'illusions. Les dieux voient les danseuses d'en haut, et non pas d'en bas, cela suffit à expliquer pourquoi ils sont moins sensibles à la danse que les hommes. Jupiter préfère les baigneuses.

UNE DANSEUSE

Nous avons justement la danse dite des vagues, sur le plan supinal, avec le surpassé des cuisses.

LE TROMPETTE

Dis-moi, Sosie, quel est ce guerrier qui grimpe la colline ? n'est-ce pas Amphitryon ?

ECCLISSÉ

En effet, c'est Amphitryon. Ciel, je tremble !

SOSIE

Et moi je n'en suis point fâché. C'est un homme de jugement et de piété. Il aidera à décider sa femme.

UNE DANSEUSE

Comme il court !

LE TROMPETTE

Je comprends sa hâte. Beaucoup de maris tiennent à épuiser leur femme pour qu'elle ne

soit dans les bras du dieu qu'un corps sans âme...
Allez, mes filles. Nous vous suivons pour préparer
la musique. Enfin, grâce à nous deux, la cérémonie sera digne de l'hôte. Nous sommes arrivés
juste à temps... Toi, Sosie, ta proclamation.

Il sonne.

SOSIE

O Thébains, la guerre, entre tant d'avantages,
recouvre le corps de la femme d'une cuirasse
d'acier et sans jointure où ni le désir ni la main
ne se peuvent glisser...

SCÈNE DEUXIÈME

Amphitryon congédie d'un geste Sosie et le
Trompette.

AMPHITRYON
Ta maîtresse est là, Ecclissé ?

ECCLISSÉ
Oui, Seigneur.

AMPHITRYON
Elle est là, dans sa chambre ?

ECCLISSÉ
Oui, Seigneur.

AMPHITRYON

Je l'attends...

La voix céleste retentit pendant le silence.

LA VOIX CÉLESTE

Les Femmes, le fils qu'Alcmène conçoit ce soir
de Jupiter les sait toutes infidèles, tendres aux
honneurs, chatouillées par la gloire.

LA FOULE

Ah ! Ah ! Ah !

LA VOIX

Il les séduit, les épuise, les abandonne, il insulte
les maris outragés, il meurt par elles...

LA FOULE

Oh ! Oh ! Oh !

SCÈNE TROISIÈME

ACLMENE, AMPHITRYON

ALCMÈNE

Qu'allons-nous faire, Amphitryon ?

AMPHITRYON

Qu'allons-nous faire, Alcmène ?

ALCMÈNE

Tout n'est pas perdu, puisqu'il a permis que
tu le devances !

AMPHITRYON

A quelle heure doit-il être là ?

ALCMÈNE

Dans quelques minutes, hélas ! au coucher du
soleil. Je n'ose regarder là-haut ! Toi, qui vois
les aigles avant qu'ils ne te voient, n'aperçois-tu
rien dans le ciel ?

AMPHITRYON

Un astre mal suspendu qui balance.

ALCMÈNE

C'est qu'il passe ! Tu as un projet ?

AMPHITRYON

J'ai ma voix, ma parole, Alcmène ! Je persua-
derai Jupiter ! Je le convaincrai !

ALCMÈNE

Pauvre ami ! Tu n'as jamais convaincu que moi
au monde, et ce n'est point par des discours. Un
colloque entre Jupiter et toi, c'est tout ce que
je redoute. Tu en sortirais désespéré, mais me
donnant aussi à Mercure.

AMPHITRYON

Alors, Alcmène ! Nous sommes perdus.

ALCMÈNE

Ayons confiance en sa bonté... A cette place où

nous recevons les hôtes de marque, dans nos céré-
monies, attendons-le. J'ai l'impression qu'il igno-
rait notre amour. Du plus profond de l'Olympe,
il faut qu'il nous aperçoive ainsi, l'un près de
l'autre, sur notre seuil, et que la vision du couple
commence à détruire en lui l'image de la femme
isolée... Prends-moi dans tes bras ! Etreins-moi !
Embrasse-moi en pleine lumière pour qu'il voie
quel être unique forment deux époux. Toujours
rien, dans le ciel ?

AMPHITRYON

Le Zodiaque s'agite. Il en a heurté le fil. Je te
donne le bras ?

ALCMÈNE

Non, pas de lien factice et banal. Laisse entre
nous deux ce doux intervalle, cette porte de tendresse, que les enfants, les chats, les oiseaux,
aiment trouver entre deux vrais époux.

> Bruits de la foule et musique.

AMPHITRYON

Voilà que les prêtres donnent leur signal. Il ne
doit plus être loin... Nous disons-nous adieu
devant lui, ou maintenant, Alcmène ? Il faut tout
prévoir !

LA VOIX CÉLESTE, annonçant :
Adieux d'Alcmène et d'Amphitryon !

AMPHITRYON

Tu as entendu ?

ALCMÈNE

J'ai entendu.

LA VOIX, répétant.

Adieux d'Alcmène et d'Amphitryon !

AMPHITRYON

Tu n'as pas peur ?

ALCMÈNE

O chéri, n'as-tu pas quelquefois, aux heures où la vie s'élargit, senti en toi une voix inconnue donner comme un titre à ces instants ? Le jour de notre première rencontre, de notre premier bain dans la mer, n'as-tu pas entendu en toi appeler : Fiançailles d'Amphitryon ! Premier bain d'Alcmène ! Aujourd'hui l'approche des dieux a rendu sans doute l'atmosphère si sonore que le titre muet de cette minute y résonne. Disons-nous adieu.

AMPHITRYON

Pour parler franchement, je n'en suis pas fâché, Alcmène. Depuis la minute où je t'ai connue, je porte cet adieu en moi, non comme un appel dernier, mais comme s'il était la déclaration d'une tendresse particulière, comme un nouvel aveu. Me voilà, par hasard, obligé de le dire aujourd'hui au terme peut-être de notre vie et là où théoriquement il convient. Mais c'est presque toujours au milieu de nos plus grandes joies et quand rien ne menaçait notre union, que le besoin de

te dire adieu m'étreignait et gonflait mon cœur
de mille caresses inconnues.

ALCMÈNE

Mille caresses inconnues ? On peut savoir ?

AMPHITRYON

Je sentais bien que j'avais un nouveau secret à
dire à ce visage où je n'aurai pas vu une ride,
à ces yeux où je n'aurai pas vu une larme, à ces
cils dont pas un seul ne sera tombé, même pour
me permettre de faire un vœu ! C'était un adieu.

ALCMÈNE

Ne détaille pas, chéri. Toutes les parts de mon
corps que tu ne nommeras point souffriront de
partir négligées vers la mort.

AMPHITRYON

Tu crois vraiment que la mort s'apprête pour
nous ?

ALCMÈNE

Non ! Jupiter ne nous tuera pas. Pour se venger de notre refus, il nous changera bien plutôt
d'espèce; il nous retirera tout goût et toute joie
commune, il fera de nous des êtres différents, un
de ces couples célèbres par leur amour mais
séparés par leur race plus que par la haine, un
rossignol et un crapaud, un saule et un poisson...
Je m'arrête pour ne pas lui donner d'idées ! Moi
qui mange avec moins de plaisir si tu te sers
d'une cuiller quand j'ai une fourchette, lorsque
tu respireras par des branchies et moi par des

feuilles, lorsque tu parleras par un coassement et
moi par des roulades, ô chéri, quel goût trouverai-
je à la vie !

AMPHITRYON

Je te joindrai, je resterai près de toi : la présence est la seule race des amants.

ALCMÈNE

Ma présence ? Peut-être ma présence sera-t-elle
bientôt pour toi la pire peine. Peut-être allons-
nous à l'aube nous retrouver face à face, dans ces
mêmes corps, le tien intact, le mien privé de cette
virginité pour dieu que doit garder une femme
sous tous les baisers du mari. Envisages-tu la
vie avec cette épouse qui n'aura plus de respect
d'elle-même, déshonorée, fût-ce par trop d'honneur, et flétrie par l'immortalité ? Envisages-tu que
toujours un tiers nom soit sur nos lèvres, indi-
cible, donnant un goût de fiel à nos repas, à nos
baisers ? Moi pas. Quel regard auras-tu pour moi
quand le tonnerre grondera, quand le monde
s'emplira par des éclairs d'allusions à celui qui
m'a souillée ? Jusqu'à la beauté des choses créées,
créées par lui, sera pour nous un rappel à la
honte. Ah ! plutôt ce changement en êtres primaires mais purs. Il y a en toi tant de loyauté,
tant de bon vouloir à jouer ton rôle d'homme,
que je te reconnaîtrais sûrement parmi les poissons ou les arbres, à ta façon consciencieuse de
recevoir le vent, de manger ta proie ou de
conduire ta nage.

AMPHITRYON

Le Capricorne s'est dressé, Alcmène. Il approche.

ALCMÈNE

Adieu, Amphitryon. J'aurais pourtant bien aimé voir avec toi l'âge venir, voir ton dos se voûter, vérifier s'il est vrai que les vieux époux prennent le même visage, connaître avec toi les plaisirs de l'âtre, du souvenir, mourir presque semblable à toi. Si tu le veux, Amphitryon, goûtons ensemble une minute de cette vieillesse. Imagine que nous avons derrière nous, non pas ces douze mois de mariage, mais de très longues années. Tu m'as aimée, mon vieil époux ?

AMPHITRYON

Toute ma vie !

ALCMÈNE

Tu n'as pas, vers nos noces d'argent, trouvé plus jeune que moi une vierge de seize ans, à la fois timide et hardie, que ta vue et tes exploits tourmentaient, légère et ravissante, un monstre, quoi ?

AMPHITRYON

Toujours tu as été plus jeune que la jeunesse.

ALCMÈNE

Quand arriva la cinquantaine et que je fus nerveuse, riant et pleurant sans raison, lorsque je t'ai poussé, le ciel sait pourquoi, à voir certaines mauvaises femmes, sous le prétexte que notre amour en serait plus vif, tu n'as rien dit, tu n'as rien fait, tu ne m'as pas obéi, n'est-ce pas ?

AMPHITRYON

Non. J'ai voulu que tu sois fière de nous deux quand viendrait l'âge.

ALCMÈNE

Aussi quelle superbe vieillesse ! La mort peut venir !

AMPHITRYON

Quelle mémoire sûre nous avons de ce temps éloigné ! Et ce matin, Alcmène, où je revins à l'aube de la guerre pour t'étreindre dans l'ombre, te le rappelles-tu ?

ALCMÈNE

A l'aube ? Au crépuscule, veux-tu dire ?

AMPHITRYON

Aube ou crépuscule, quelle importance cela a-t-il maintenant ! A midi, peut-être. Je me rappelle seulement que ce jour-là mon cheval franchit les fossés les plus larges, et que dans la matinée je fus vainqueur. Mais qu'as-tu, chérie, tu es pâle ?

ALCMÈNE

Je t'en supplie, Amphitryon. Dis-moi si tu es venu au crépuscule ou à l'aube ?

AMPHITRYON

Mais je te dirai tout ce que tu voudras, chérie... Je ne veux pas te faire de peine.

ALCMÈNE

C'était la nuit, n'est-ce pas ?

AMPHITRYON

Dans notre chambre obscure, la nuit complète...
Tu as raison ! La mort peut venir.

LA VOIX CÉLESTE

La mort peut venir.

Fracas. Jupiter paraît escorté de Mercure.

SCÈNE QUATRIÈME

ALCMÈNE, JUPITER, MERCURE, AMPHITRYON

JUPITER

La mort peut venir, dites-vous ? Ce n'est que
Jupiter.

MERCURE

Je vous présente Alcmène, Seigneur, la récal-
citrante Alcmène.

JUPITER

Et pourquoi cet homme près d'elle ?

MERCURE

C'est son mari, Amphitryon.

JUPITER

Amphitryon, le vainqueur de la grande bataille
de Corinthe ?

MERCURE

Vous anticipez. Il ne gagnera Corinthe que dans cinq ans. Mais c'est bien lui.

JUPITER

Qui l'a appelé ici ? Que vient-il faire ?

AMPHITRYON

Seigneur !...

MERCURE

Il vient vous offrir lui-même sa femme, sans aucun doute. Ne l'avez-vous pas vu du haut du ciel la préparer, l'embrasser, lui donner, tourné vers vous, par des caresses, cette excitation et cet apprêt qui porteront à sa réussite suprême votre nuit... Merci, prince.

AMPHITRYON

Mercure se trompe, Seigneur.

JUPITER

Ah ! Mercure se trompe ? Tu ne sembles pas en effet convaincu de la nécessité que cette nuit je m'étende près de ta femme, et remplisse ta mission. Moi je le suis.

AMPHITRYON

Moi, Seigneur, non !

MERCURE

L'heure n'est plus aux discours, Jupiter, le soleil se couche.

JUPITER

Son coucher ne regarde que lui seul.

MERCURE

Si les dieux se mettent à engager avec les humains des conversations et des disputes individuelles, les beaux jours sont finis.

AMPHITRYON

Je viens défendre Alcmène contre vous, Seigneur, ou mourir.

JUPITER

Ecoute, Amphitryon. Nous sommes entre hommes. Tu sais mon pouvoir. Tu ne te dissimules pas que je peux entrer dans ton lit invisible et même en ta présence. Rien qu'avec les herbes de ce parc, je peux composer des filtres qui rendront ta femme amoureuse de moi, et te donneront même le désir de m'avoir pour rival heureux. Ce conflit est donc non pas un conflit de fond, mais, hélas ! un conflit de forme, comme tous ceux qui provoquent les schismes ou les nouvelles religions. Il ne s'agit pas de savoir si j'aurai Alcmène, mais comment ! Pour cette courte nuit, cette formalité, vas-tu entrer en conflit avec les dieux ?

AMPHITRYON

Je ne puis livrer Alcmène, je préfère cette autre formalité, la mort.

JUPITER

Comprends ma complaisance ! Je n'aime pas seu-

lement Alcmène, car alors je me serais arrangé
pour être son amant sans te consulter. J'aime
votre couple. J'aime, au début des ères humaines,
ces deux grands et beaux corps sculptés à l'avant
de l'humanité comme des proues. C'est en ami
que je m'installe entre vous deux.

AMPHITRYON

Vous y êtes déjà, et déjà vénéré. Je refuse.

JUPITER

Tant pis pour toi ! Ne retarde plus la fête,
Mercure ! Convoque la ville entière. Puisqu'il
nous y force, fais éclater la vérité, celle de la nuit
d'hier et celle d'aujourd'hui. Nous avons des
moyens divins de convaincre ce couple.

AMPHITRYON

Des prodiges ne convainquent pas un général.

JUPITER

C'est ton dernier mot ? Tu tiens à engager la
bataille avec moi ?

AMPHITRYON

S'il le faut, oui.

JUPITER

Je pense que tu es un général suffisamment intelligent pour ne t'y hasarder qu'avec des armes
égales aux miennes. C'est l'a b c de la tactique.

AMPHITRYON

J'ai ces armes.

JUPITER

Quelles armes ?

AMPHITRYON

J'ai Alcmène.

JUPITER

Eh bien, ne perdons pas une minute. Je les attends de pied ferme, tes armes. Je te prie même de me laisser avec elles. Viens ici, Alcmène. Vous deux, disparaissez.

SCÈNE CINQUIÈME

ALCMENE, JUPITER

ALCMÈNE

Enfin seuls !

JUPITER

Tu ne crois pas si bien dire. Nous sommes dans l'heure où tu seras à moi.

ALCMÈNE

Alors, ma dernière heure !

JUPITER

Cesse ce chantage... Il est indigne de nous deux...

Oui, nous voilà en effet pour la première fois
face à face, moi sachant ta vertu, toi sachant mon
désir... Enfin seuls !...

ALCMÈNE

Vous êtes souvent seul ainsi, à ce que dit votre
légende ?

JUPITER

Rarement aussi amoureux, Alcmène. Jamais
aussi faible. D'aucune femme, je n'aurais supporté
ce dédain.

ALCMÈNE

Le mot amoureux existe, dans la langue des
dieux ? Je croyais que c'était le règlement suprême
du monde qui les poussait, vers certaines époques,
à venir mordiller les belles mortelles au visage ?

JUPITER

Règlement est un bien grand mot. Disons fatalité.

ALCMÈNE

Et la fatalité sur une femme aussi peu fatale
qu'Alcmène ne vous rebute pas ? Tout ce noir
sur ce blond ?

JUPITER

Tu lui donnes pour la première fois une couleur d'improviste qui me ravit. Tu es une an-
guille en ses mains.

ALCMÈNE

Un jouet dans les vôtres. O Jupiter, vraiment, vous plaisé-je ?

JUPITER

Si le mot plaire ne vient pas seulement du mot plaisir, mais du mot biche en émoi, du mot amande en fleur, Alcmène, tu me plais.

ALCMÈNE

C'est ma seule chance. Si je vous déplaisais tant soit peu, vous n'hésiteriez pas à m'aimer de force pour vous venger.

JUPITER

Moi, je te plais ?

ALCMÈNE

En doutez-vous ? Aurais-je à ce point le sentiment de tromper mon mari, avec un dieu qui m'inspirerait de l'aversion ? Ce serait pour mon corps une catastrophe, mais je me sentirais fidèle à mon honneur.

JUPITER

Tu me sacrifies parce que tu m'aimes ? Tu me résistes parce que tu es à moi ?

ALCMÈNE

C'est là tout l'amour.

JUPITER

Tu obliges ce soir l'Olympe à parler un langage bien précieux.

ALCMÈNE

Cela ne lui fera pas de mal. Il paraît qu'un mot
de votre langage le plus simple, un seul mot,
tellement il est brutal, détruirait le monde...

JUPITER

Thèbes ne risque vraiment rien aujourd'hui.

ALCMÈNE

Pourquoi faut-il qu'Alcmène risque davantage ?
Pourquoi faut-il que vous me torturiez, que vous
brisiez un couple parfait, que vous preniez un
bonheur d'un instant, et laissiez des ruines !

JUPITER

C'est là tout l'amour...

ALCMÈNE

Et si je vous offrais mieux que l'amour ? Vous
pouvez goûter l'amour avec d'autres. Mais je voudrais créer entre nous un lien plus doux encore
et plus puissant : seule de toutes les femmes je
puis vous l'offrir. Je vous l'offre.

JUPITER

Et c'est ?

ALCMÈNE

L'amitié !

JUPITER

Amitié ! Quel est ce mot ! Explique-toi. Pour
la première fois, je l'entends.

ALCMÈNE

Vraiment ! Oh ! alors je suis ravie ! Je n'hésite
plus ! Je vous offre mon amitié. Vous l'aurez
vierge...

JUPITER

Qu'entends-tu par là ? C'est un mot courant sur
la terre ?

ALCMÈNE

Le mot est courant.

JUPITER

Amitié... Il est vrai que de si haut, certaines
pratiques des hommes nous échappent encore...
Je t'écoute... Lorsque des êtres se cachent comme
nous, à l'écart, mais pour tirer des pièces d'or
de vêtements en loque, les compter, les embrasser, est-ce là l'amitié ?

ALCMÈNE

Non, c'est l'avarice.

JUPITER

Ceux, quand la lune est pleine, qui se mettent
nus, le regard fixé sur elle, passant les mains sur
leur corps et se savonnant de son éclat, ce sont
là les amis ?

ALCMÈNE

Non, ce sont les lunatiques !

JUPITER

Parle clairement ! Et ceux qui dans une femme,

au lieu de l'aimer elle-même, se concentrent sur
un de ses gants, une de ses chaussures, la dérobent,
et usent de baisers cette peau de bœuf ou de
chevreau, amis encore ?

ALCMÈNE

Non, sadiques.

JUPITER

Alors, décris-la-moi, ton amitié. C'est une passion ?

ALCMÈNE

Folle.

JUPITER

Quel est son sens ?

ALCMÈNE

Son sens ? Tout le corps, moins un sens.

JUPITER

Nous le lui rétablirons par un miracle. Son
objet ?

ALCMÈNE

Elle accouple les créatures les plus dissemblables
et les rend égales.

JUPITER

Je crois maintenant comprendre ! Parfois, de
notre observatoire, nous voyons les êtres s'isoler
en groupes de deux, dont nous ne percevons pas
la raison, car rien ne semble devoir les accoler :
un ministre qui tous les jours rend visite à un
jardinier, un lion dans une cage qui exige un

caniche, un marin et un professeur, un ocelot
et un sanglier. Et ils ont l'air en effet complète-
ment égaux, et ils avancent de front vers les
ennuis quotidiens et vers la mort. Nous en venions
à penser ces êtres liés par quelque composition
secrète de leur corps.

ALCMÈNE

C'est très possible. En tout cas, c'est l'amitié.

JUPITER

Je vois encore cet ocelot. Il bondissait autour
de son cher sanglier. Puis, dans un olivier, il se
cachait, et quand le marcassin passait grognant
près des racines, se laissait tomber tout velours
sur les soies.

ALCMÈNE

Oui, les ocelots sont d'excellents amis.

JUPITER

Le ministre, lui, faisait dans une allée les cent
pas avec le jardinier. Il parlait des greffes, des
limaces; le jardinier, des interpellations, des im-
pôts. Puis, chacun ayant dit son mot, ils s'arrê-
taient au terme de l'allée, le sillon de l'amitié
sans doute tracé jusqu'au bout, et se regardaient
un moment bien en face, clignant affectueusement
l'œil, et se lissant la barbe.

ALCMÈNE

Toujours, les amis.

JUPITER

Et que ferons-nous, si je deviens ton ami?

ALCMÈNE

D'abord je penserai à vous, au lieu de croire
en vous... Et cette pensée sera volontaire, due à
mon cœur, tandis que ma croyance était une habitude, due à mes aïeux... Mes prières ne seront
plus des prières, mais des paroles. Mes gestes
rituels, des signes.

JUPITER

Cela ne t'occupera pas trop ?

ALCMÈNE

Oh ! non. L'amitié du dieu des dieux, la cama-
raderie d'un être qui peut tout, tout détruire et
tout créer, c'est même le minimum de l'amitié
pour une femme. Aussi les femmes n'ont-elles
point d'amis.

JUPITER

Et moi, que ferai-je ?

ALCMÈNE

Les jours où la compagnie des hommes m'aurait
excédée, je vous verrais apparaître, silencieux;
vous vous assiériez, très calme sur le pied de mon
divan, sans caresser nerveusement la griffe ou la
queue des peaux de léopard, car alors ce serait
de l'amour, — et soudain vous disparaîtriez... Vous
auriez été là ! Vous comprenez ?

JUPITER

Je crois que je comprends. Pose-moi des questions. Dis-moi les cas où tu m'appelais à l'aide,

et je tâcherai de répondre ce que doit faire un bon ami.

ALCMÈNE

Excellente idée ! Vous y êtes ?

JUPITER

J'y suis !

ALCMÈNE

Un mari absent ?

JUPITER

Je détache une comète pour le guider. Je te donne une double vue qui te permet de le voir à distance, et pour l'atteindre une double parole.

ALCMÈNE

C'est tout ?

JUPITER

Oh ! pardon ! je le rends présent.

ALCMÈNE

La visite d'amies ou de parentes ennuyeuses ?

JUPITER

Je déchaîne sur les visiteuses une peste qui leur fait sortir les yeux des orbites. J'envoie un mal qui leur ronge le foie et dans leur cerveau une colique. Le plafond s'effondre et le parquet s'écarte... Ce n'est pas cela !

ALCMÈNE

C'est trop ou trop peu !

JUPITER

Oh ! pardon encore, je les rends absentes...

ALCMÈNE

Un enfant malade ?

JUPITER

L'univers n'est plus que tristesse. Les fleurs sont sans parfum. Les animaux portent bas la tête !

ALCMÈNE

Vous ne le gué ririez pas ?

JUPITER

Evidemment si ! Que je suis bête !

ALCMÈNE

C'est ce que les dieux oublient toujours. Ils ont pitié des malades, ils détestent les méchants. Ils oublient seulement de guérir, de punir. Mais en somme vous avez compris. L'examen est très passable.

JUPITER

Chère Alcmène.

ALCMÈNE

Ne souriez pas ainsi, Jupiter, ne soyez pas cruel ! N'avez-vous donc jamais cédé devant une de vos créatures ?

JUPITER

Je n'ai jamais eu cette occasion.

ALCMÈNE

Vous l'avez. La laisserez-vous échapper ?

JUPITER

Relève-toi, Alcmène. Il est temps que tu reçoives ta récompense. Depuis ce matin, j'admire ton courage et ton obstination, et comme tu ourdis tes ruses avec loyauté, et comme tu es sincère dans tes mensonges. Tu m'as attendri, et si tu trouves un moyen de justifier ton refus devant les Thébains, je ne t'impose pas cette nuit ma présence.

ALCMÈNE

Pourquoi en parler aux Thébains ? Que le monde entier me croie votre maîtresse, vous pensez bien que je l'accepte, et qu'Amphitryon l'acceptera ! Cela nous fera des envieux, mais il nous sera agréable de souffrir pour vous.

JUPITER

Viens dans mes bras, Alcmène, et dis-moi adieu.

ALCMÈNE

Dans les bras d'un ami, oh ! Jupiter, j'y cours !

LA VOIX CÉLESTE

Adieux d'Alcmène et de son amant Jupiter.

ALCMÈNE

Vous avez entendu ?

JUPITER

J'ai entendu.

ALCMÈNE

Mon amant Jupiter ?

JUPITER

Amant veut dire aussi ami; une voix céleste
peut employer le style noble.

ALCMÈNE

J'ai peur, Jupiter, tant de choses sont troublées
tout à coup en moi par ce seul mot !

JUPITER

Rassure-toi.

LA VOIX CÉLESTE

Adieux de Jupiter et de sa maîtresse Alcmène.

JUPITER

C'est quelque farce de Mercure. J'y vais mettre
bon ordre. Mais qu'as-tu Alcmène ? Pourquoi cette
pâleur ? Faut-il te le redire, j'accepte l'amitié.

ALCMÈNE

Sans réserves ?

JUPITER

Sans réserves.

ALCMÈNE

Vous l'acceptez bien vite ! Vous montrez une
vive satisfaction à l'accepter !

JUPITER

C'est que je suis satisfait.

ALCMÈNE

Vous êtes satisfait de n'avoir pas été mon amant?

JUPITER

Ce n'est pas ce que je veux dire...

ALCMÈNE

Ce n'est pas non plus ce que je pense! Jupiter, puisque vous êtes maintenant mon ami, parlez-moi franchement. Vous êtes bien sûr que jamais vous n'avez été mon amant?

JUPITER

Pourquoi cette question?

ALCMÈNE

Vous vous êtes amusé tout à l'heure, avec Amphitryon. Il n'y a vraiment pas eu de lutte entre son amour et votre désir... C'était un jeu de votre part... Vous aviez d'avance renoncé à moi... Ma connaissance des hommes me pousserait à croire que c'est parce que vous avez déjà eu satisfaction.

JUPITER

Déjà? Qu'entends-tu par déjà?

ALCMÈNE

Vous êtes sûr que vous n'êtes jamais entré dans mes rêves, que vous n'avez jamais pris la forme d'Amphitryon?

JUPITER

Tout à fait sûr.

ALCMÈNE

Peut-être aussi cela vous a-t-il échappé. Ce n'est pas étonnant avec tant d'aventures...

JUPITER

Alcmène !

ALCMÈNE

Alors tout cela ne prouve pas un grand amour de votre part. Evidemment, je n'aurais pas recommencé, mais dormir une fois près de Jupiter, cela aurait été un souvenir pour une petite bourgeoise. Tant pis !

JUPITER

Chère Alcmène, tu me tends un piège !

ALCMÈNE

Un piège ? Vous craignez donc d'être pris ?

JUPITER

Je lis en toi, Alcmène, j'y vois ta peine, tes desseins. J'y vois que tu étais résolue à te tuer, si j'avais été ton amant. Je ne l'ai pas été.

ALCMÈNE

Prenez-moi dans vos bras.

JUPITER

Volontiers, petite Alcmène. Tu t'y trouves bien ?

ALCMÈNE

Oui.

JUPITER

Oui qui ?

ALCMÈNE

Oui, Jupiter chéri... Voyez, cela vous semble tout naturel que je vous appelle Jupiter chéri ?

JUPITER

Tu l'as dit si naturellement.

ALCMÈNE

Pourquoi justement l'ai-je dit de moi-même ? C'est ce qui m'intrigue. Et cet agrément, cette confiance que ressent pour vous mon corps, d'où vient-il ? Je me sens à l'aise avec vous comme si cette aise venait de vous.

JUPITER

Mais oui, nous nous entendons très bien.

ALCMÈNE

Non, nous nous entendons mal. Sur beaucoup de points, à commencer par votre création d'ailleurs, et à continuer par votre habillement, je n'ai pas du tout vos idées. Mais nos corps s'entendent. Nos deux corps sont encore aimantés l'un vers l'autre, comme ceux des gymnastes, après leur exercice. Quand a eu lieu notre exercice ? Avouez-le-moi ?

JUPITER

Jamais, te dis-je.

ALCMÈNE

Alors, d'où vient mon trouble ?

JUPITER

C'est que malgré moi, dans tes bras, je me sens

porté à prendre la forme d'Amphitryon. Ou bien
peut-être que tu commences à m'aimer.

ALCMÈNE

Non, c'est le contraire d'un début. Ce n'est
pas vous qui êtes entré tout brûlant dans mon lit
après le grand incendie de Thèbes ?

JUPITER

Ni tout mouillé, le soir où ton mari repêcha
un enfant...

ALCMÈNE

Vous voyez, vous le savez !

JUPITER

Ne sais-je pas tout ce qui te concerne ? Hélas
non, c'était bien ton mari. Quels doux cheveux !

ALCMÈNE

Il me semble que ce n'est pas la première fois
que vous arrangez cette mèche de cheveux, ou
que vous vous penchez sur moi ainsi... C'est à
l'aube ou au crépuscule que vous êtes venu et
m'avez prise ?

JUPITER

Tu le sais bien, c'est à l'aube. Crois-tu que ta
ruse de Léda m'ait échappé ? J'ai accepté Léda
pour te plaire.

ALCMÈNE

O maître des dieux, pouvez-vous donner l'oubli ?

JUPITER

Je peux donner l'oubli, comme l'opium, rendre sourd, comme la valériane. Les dieux entiers dans le ciel ont à peu près le même pouvoir que les dieux épars dans la nature. Que veux-tu donc oublier ?

ALCMÈNE

Cette journée. Certes, je veux bien croire que tout s'y est déroulé correctement et loyalement de la part de tous, mais il plane sur elle quelque chose de louche qui m'oppresse. Je ne suis pas femme à supporter un jour trouble, fût-ce un seul, dans ma vie. Tout mon corps se réjouit de cette heure où je vous ai connu, et toute mon âme en éprouve un malaise. N'est-ce pas le contraire de ce que je devrais ressentir ? Donnez à mon mari et à moi le pouvoir d'oublier cette journée, à part votre amitié.

JUPITER

Qu'il en soit fait comme tu le désires. Reviens dans mes bras, le plus tendrement que tu pourras, cette fois.

ALCMÈNE

Soit, puisque j'oublierai tout.

JUPITER

Cela est même nécessaire, car ce n'est que par un baiser que je peux donner l'oubli.

ALCMÈNE

C'est sur les lèvres aussi que vous allez embrasser Amphitryon?

JUPITER

Puisque tu vas tout oublier, Alcmène, ne veux-tu pas que je te montre ce que sera ton avenir?

ALCMÈNE

Dieu m'en garde.

JUPITER

Il sera heureux, crois-moi.

ALCMÈNE

Je sais ce qu'est un avenir heureux. Mon mari aimé vivra et mourra. Mon fils chéri naîtra, vivra et mourra. Je vivrai et mourrai.

JUPITER

Pourquoi ne veux-tu pas être immortelle?

ALCMÈNE

Je déteste les aventures; c'est une aventure, l'immortalité!

JUPITER

Alcmène, chère amie, je veux que tu participes, fût-ce une seconde, à notre vie de dieux. Puisque tu vas tout oublier, ne veux-tu pas, en un éclair, voir ce qu'est le monde et le comprendre?

ALCMÈNE

Non, Jupiter, je ne suis pas curieuse.

JUPITER

Veux-tu voir quel vide, quelle succession de vides, quel infini de vides est l'infini ? Si tu crains d'avoir peur de ces limbes laiteux, je ferai apparaître dans leur angle ta fleur préférée, rose ou zinia, pour marquer un moment l'infini à tes armes.

ALCMÈNE

Non.

JUPITER

Ah ! ne me laissez pas aujourd'hui toi et ton mari, toute ma divinité pour compte ! Veux-tu voir l'humanité à l'œuvre, de sa naissance à son terme. Veux-tu voir les onze grands êtres qui orneront son histoire, avec leur belle face de juif ou leur petit nez de Lorraine ?

ALCMÈNE

Non.

JUPITER

Pour la dernière fois, je te questionne, chère femme obstinée ! Tu ne veux pas savoir, puisque tu vas tout oublier, de quelles apparences est construit votre bonheur, de quelles illusions votre vertu ?

ALCMÈNE

Non.

JUPITER

Ni ce que je suis vraiment pour toi, Alcmène ? Ni ce que recèle ce ventre, ce cher ventre !

ALCMÈNE

Hâtez-vous !

JUPITER

Alors, oublie tout, excepté ce baiser.

Il l'embrasse.

ALCMÈNE, revenant à elle.

Quel baiser ?

JUPITER

Oh ! pour le baiser, ne me raconte pas d'histoires ! J'ai justement pris soin de le placer en deçà de l'oubli.

SCÈNE SIXIÈME

ALCMENE, JUPITER, MERCURE

MERCURE

Thèbes entière est au pied du palais, Jupiter, et entend que vous vous montriez aux bras d'Alcmène.

ALCMÈNE

Venez là, Jupiter, nous serons vus de tous et tous seront contents.

MERCURE

Ils demandent quelques phrases de vous, Jupiter. N'hésitez pas à leur parler très fort. Ils se sont mis de profil de façon à ce que leur tympan ne subisse aucun dommage.

JUPITER, très haut.

Enfin, je te rencontre... chère Alcmène !

ALCMÈNE, très bas.

Oui, il va falloir nous quitter, cher Jupiter.

JUPITER

Notre nuit commence, fertile pour le monde.

ALCMÈNE

Notre jour finit, ce jour que je me prenais à aimer.

JUPITER

Devant ces magnifiques et superbes Thébains...

ALCMÈNE

Ces tristes sires, qui acclament ce qu'ils croient ma faute et insulteraient à ma vertu...

JUPITER

Je t'embrasse, en bienvenue, pour la première fois.

ALCMÈNE

Et moi pour la troisième, en adieu éternel.

> Ils défilent devant la balustrade. Puis Alcmène conduit Jupiter jusqu'à la petite porte.

JUPITER

Et maintenant ?

ALCMÈNE

Et maintenant que la légende est en règle, comme il convient aux dieux, réglons au-dessous d'elle l'histoire par des compromissions, comme il convient aux hommes... Personne ne nous voit plus... Dérobons-nous aux lois fatales... Tu es là, Amphitryon ?

> Amphitryon ouvre la petite porte.

AMPHITRYON

Je suis là, Alcmène.

ALCMÈNE

Remercie Jupiter, chéri. Il tient à me remettre lui-même intacte entre tes mains.

AMPHITRYON

Les dieux seuls ont de ces attentions.

ALCMÈNE

Il voulait nous éprouver ! Il demande seulement à ce que nous ayons un fils.

AMPHITRYON

Nous l'aurons dans neuf mois, seigneur, je vous le jure !

ALCMÈNE

Et nous vous promettons de l'appeler Hercule, puisque vous aimez ce nom. Ce sera un petit garçon doux et sage.

JUPITER

Oui, je le vois d'ici... Adieu donc, Alcmène, sois heureuse, et toi, Mercure, maître des plaisirs, avant que nous quittions ces lieux, pour leur prouver notre amitié, donne la récompense qui convient à deux époux qui se retrouvent.

MERCURE

A deux époux qui se retrouvent ? Ma tâche est simple ! Pour assister à leurs ébats, je convoque et tous les dieux, et toi, Léda, qui as encore à apprendre, et vous, braves gens qui avez été dans cette journée à la fois le personnel subalterne de l'amour et de la guerre, écuyer, guerrier, et trompette ! Ouvrez larges vos yeux et qu'autour du lit, pour étouffer leurs cris, résonnent chants, musique et foudre.

> Toutes les personnes évoquées par Mercure emplissent la scène.

ALCMÈNE

Oh ! Jupiter. Daignez l'arrêter. Il s'agit d'Alcmène.

JUPITER

Encore d'Alcmène ! Il s'agira donc toujours d'Alcmène aujourd'hui ! Alors, évidemment, Mercure se trompe ! Alors c'est l'aparté des apartés, le silence des silences. Alors disparaissons, dieux et comparses, vers nos zéniths et vers nos caves. Vous tous spectateurs, retirez-vous sans mot dire en affectant la plus complète indifférence. Qu'une suprême fois Alcmène et son mari apparaissent seuls dans un cercle de lumière, où mon bras ne figurera plus que comme un bras indicateur pour indiquer le sens du bonheur; et sur ce couple, que l'adultère n'effleura et n'effleurera jamais, auquel ne sera jamais connue la saveur du baiser illégitime pour clore de velours cette clairière de fidélité, vous là-haut, rideaux de la nuit qui vous contenez depuis une heure, retombez.

RIDEAU

TABLE

IMPRIMÉ EN FRANCE PAR BRODARD ET TAUPIN
Usine de La Flèche (Sarthe).
LIBRAIRIE GÉNÉRALE FRANÇAISE - 6, rue Pierre-Sarrazin - 75006 Paris.
ISBN : 2 - 253 - 01068 - 5